世界が驚くニッポンのお坊さん

佐々井秀嶺、インドに笑う

白石あづさ

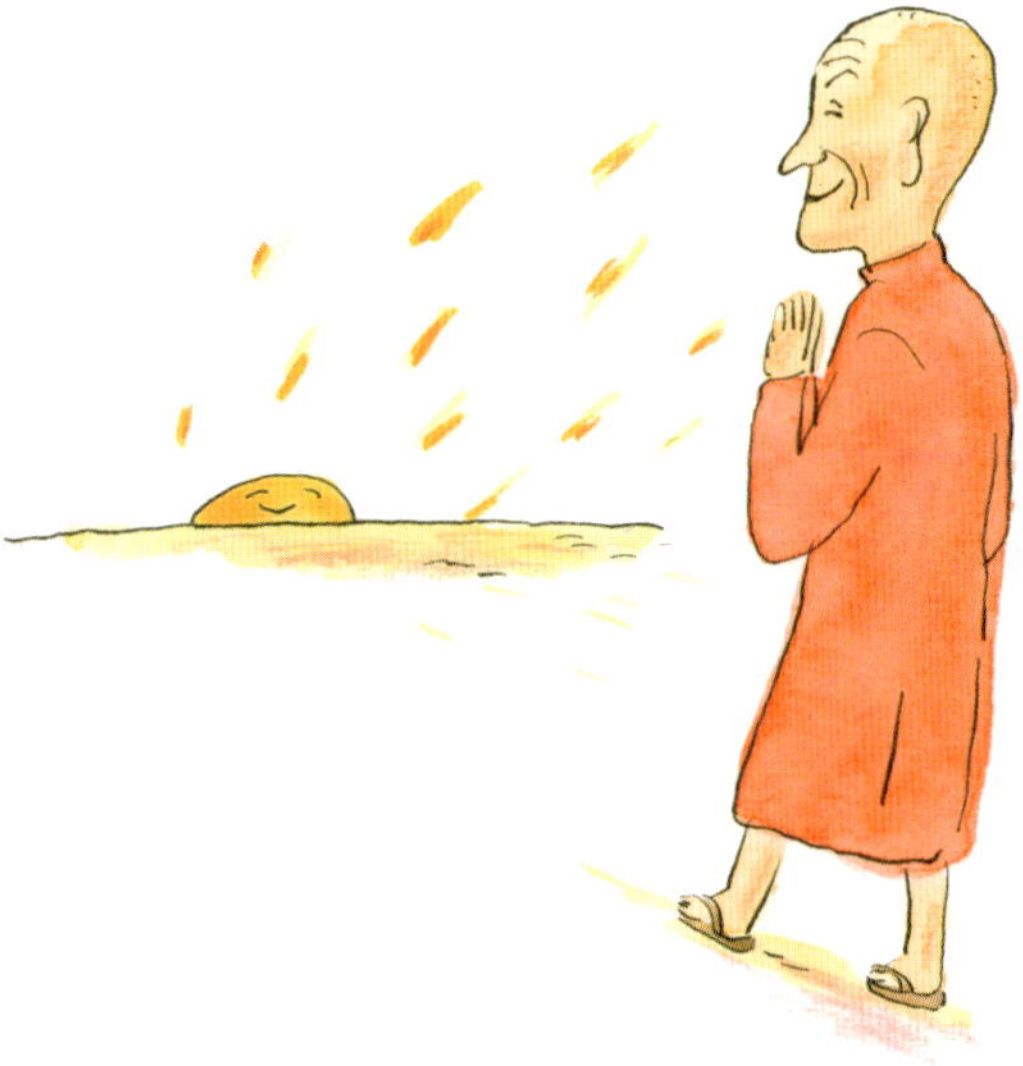

文藝春秋

世界が驚くニッポンのお坊さん

佐々井秀嶺、インドに笑う

目次

序章

　まだその時の光景を鮮やかに覚えている。２０１５年の秋、私はインドのど真ん中の都市、ナグプールで開催されたインド仏教最大の祭典「大改宗式」式の会場にいた。何十万人もの人で埋め尽くされた野外の広場に、朱色の衣をまとった肌の白い老僧がひとり、褐色のインド人僧たちを従え、ゆっくりとした足取りでステージに向かっていく。その眼光は虎のように鋭く、全身からは熱情がみなぎっている。

　僧の名は、佐々井秀嶺《ささいしゅうれい》。インド仏教１億５千万人の頂点に立つ式典の最高責任者だ。

　朝から各地の会場を駆けずり回り、西に日が沈むころ、ようやく本会場である改宗広場に辿り着いたのだ。抱えられなければ階段を登れないほど満身創痍《まんしんそうい》だったが、佐々井さんの登場を

2015年の大改宗式にて。いくつもの会場を回り、最後の大会場へ。

今か今かと待っていた、数十万人の信者が「ジャイ・ビーム！」と口々に叫び、熱狂的に出迎える。

「みなさーん！　私は小さな坊主である。インド全仏教の会長に選んでいただいたのは、私が普段から真面目であり、強固な精神の持ち主だとみなさんが考えてくれたからであろう。金集めも経営もできないが、これからも小さな坊主として命がけで差別や貧困と闘っていく所存である！」

佐々井さんの全身から絞り出すような言葉のひとつひとつが、さざ波のように人の海に広がっていく。〝小さな坊主〟と自らを称する佐々井さんの圧倒的な存在感に、私は強く惹きつけられた。

大多数がヒンドゥー教徒であるインドで、不可触民と呼ばれる人々を中心にカースト（身分制度）のない仏教に改宗する人が今、爆発的に増えている。不可触民とはインド人口13億人のうち、約2割にあたり、一番下のシュードラ（奴隷階級）にさえ入れないカースト外の人々で、3000年間ずっと「触れると穢れる」と差別されてきた。

半世紀ほど前、数十万人しかいなかった仏教徒が、今では1億5千万人を超えている。その仏教復興の中心的な役割を果たしてきたのが、1967年、32歳でインドにやってきた佐々井さんなのである。

インドに来なさい

私が佐々井さんと知り合ったきっかけは、その年の春だった。インドでの佐々井さんの活動を支援する「南天会」の方から、「ちょうど佐々井さんが日本に帰国していて、来週、高野山で講演があるから取材しないか。もっと日本の人に知ってもらいたい」と声をかけられたのだ。

当時、私は芸能人やスポーツ選手などのインタビューに加え、旅行やグルメのライターをしていた。特にやってみたいジャンルがあるわけでもなく依頼が来たものを粛々とこなしていた。あまり情熱のないライターであったが、佐々井さんはかねてから、ユニークな方だと聞いていたので、一度、会ってみたい気持ちはあり、「高野山までは行けないけれど、東京に戻られた時にでも」と帰国前に1時間ほど時間を作ってもらった。

今まで多くの有名人を取材してきたものの、宗教家のインタビューは初めてである。芸能人やスポーツ選手を取材する前に調べるのと同じように、佐々井秀嶺さんに関する本を買って読み始めた。

ところが、読み始めてすぐに衝撃を受けた。今まで会った日本人とまるでスケールが違う。正直なところ、インドで井戸を掘ったり学校を建てたりと慈善活動でもされている優しいお坊さんなのだろうと思っていた。

佐々井さんは生い立ちからして全くの規格外だった。自殺未遂を繰り返した青年時代を経て僧となり、タイでは女性問題からピストルを突き付けられ、不思議な縁でインドに留まり、仏教復興の立役者となった。今も何度も暗殺されそうになりながらも命がけで差別と闘っていることなど、これだけのおもしろい人物がなぜ知られていないのか、不思議でならなかった。

取材当日、新橋近くのホテルのラウンジでお会いした佐々井さんは、そんな激しい人生を送ってきた人とは思えないほど、ニコニコとして柔和な顔をしていた。ぶしつけな私の質問にも嫌な顔をひとつせず何でも答えてくれ、最後に「あんたはインタビューが上手だな。ぜひインドに来て私のことを本にしなさい。わっはっは」と上機嫌だった。

褒めてくれたのはリップサービスだとしても、佐々井さんと話しているうち、若い時に旅したインドにまた行ってみたくなった。佐々井さんの暮らすナグプールで秋に行われるインド仏教最大の祭典「大改宗式」も見てみたい。それから4か月後の10月、インドを久しぶりに訪れた。しかし、佐々井さんは日本でお会いした時とは違って別人のようにやつれ、機嫌も始終悪くて怒鳴り散らしていた。それでも力を振り絞り、必死に改宗式の全日程をこなしていた。

帰国後、いくつかの週刊誌やスポーツ新聞に記事を発表し、佐々井さんの記事を書き終えたら、またいつものライター仕事に戻るはずだった。しかし、ネットに転載された記事が思いがけず反響を呼び、たくさんの出版社から本にしないかと打診があった。書いている間は一銭も入ってこないし、一気に書くほど体力も実力も根性もない。東京での仕事や連載もあるため、そうそう長期で家を空けられない。

それに、インドの政治や宗教に造詣が深い故山際素男さんが佐々井さんの半生を描いた『破天　インド仏教徒の頂点に立つ日本人』のような重厚なノンフィクションがすでに出版されている。佐々井さんから言われたときは、「本もいいかも」と確かに思ったけれど、佐々井さんの激動の生涯を知れば知るほど、知識の乏しい自分の手には負えないことが分かってきた。

そんな時、人づてに佐々井さんが私の書いた記事をとても喜んでいると聞いた。そして山際先生が亡くなった後、「俺の人生の続きを書いてくれる奴が見つかった」と話していたとも。

その話を聞いたとたん、私は急に佐々井さんに会いたくなった。今、この瞬間も、目の前の困っている人たちを救おうと、たったひとりで奮闘しているだろう。大改宗式での満身創痍の姿が目に浮かんだ。

佐々井さんが私に書けと言ったのは、自分が有名になりたいからではない。インド仏教の現状を同じ仏教徒である日本人にも知ってほしいからだ。私は宗教心もなければ、佐々井さんのように義侠心もない。けれども、私が書いた記事の反響の多くは若い人だったという。もしかしたら、今、日本では佐々井さんのようなお坊さんが求められているのかもしれない。それならば宗教やインドの政治もよく知らない一般的な日本人である私が、素直に疑問に思ったことを佐々井さんにぶつけて書いてみてもいいかもしれない。

佐々井さんはもう80歳を超えている。いつどうなるか分からない。「そのうち」ではなく、元気なうちに本を渡したい。ナグプールは4月を過ぎれば猛烈に暑くなる。そうだ、その前に行かなくては。

そして最初の出会いから3年後の2018年の3月、私は再びナグプールへと旅立った。

装画　村上テツヤ
装丁　城井文平

世界が驚くニッポンのお坊さん

佐々井秀嶺、インドに笑う

第1章　ナグプールのインドラ寺

ナグプールのドクター・バーバーサーヒブ・アンベートカル国際空港に近づいたことを知らせる機内アナウンスで目が覚めた。窓の外を覗いてみると雲の切れ間から、果てしなく広がる荒涼とした大地が見える。機体はゆっくり降下し、灰色の街並みが見えてきた。蛇行して光っているのは街の北を流れるカナン川だろうか。

「インドのヘソ」と呼ばれている都市、ナグプールは、インド中央にある広大なデカン高原のさらに真ん中にある。マハーラーシュトラ州の州都、ムンバイに次ぐ第二の都市として、宮古島と同じくらいの面積に約250万人が暮らしている。

若い頃、バックパックを背負って1ヶ月間、インドを旅したことがある。これだけ大きな都市なら耳にしてもよかったはずだが、佐々井さんと知り合うまでナグプールを全く知らなかった。オレンジの栽培は盛んだが、それ以外にこれといって観光も産業もなく、夏は気温50度近くの灼熱地獄に陥ることが観光客を阻む理由なのかもしれない。

私が訪れたのは２０１８年３月。インドはすでに初夏を迎えており、空港の外に出ると、朝8時とはいえ、太陽が容赦なく照り付けて肌がヒリヒリとする。カラッとしていれば、まだやり過ごせるが、とにかく蒸し暑い。

スーツケースを手に歩き始めたとたん、背が高く白いワイシャツの似合うインドのおじさんが私に向かって「ヘイ、アヅサ！」と笑顔で手を振って走ってきた。３年前の２０１５年10月、はじめてナグプールに取材で訪れたときに大変お世話になったインドラ寺の事務局長、アミットさんだ。

誰も迎えに来ないと思っていたのでタクシーを捕まえるつもりだったのだが、嬉しかった。インドの人は超のつく気分屋で約束しても反故《ほご》にされることも多い。だから常に期待しないようにしているが、反対に約束もしていないのに、突然、助けてくれることもあり、予測がつかなくてそこが面白い。

アミットさんの古い自家用車に乗り込み、40分ほど走っただろうか、佐々井さんのインドラ寺がある仏教徒の暮らすエリアに入ると、懐かしさがこみあげてきた。空港から続く街道沿いのブロックを積み上げただけのそっけない建物とは違い、いくぶんか豪華な2階建ての家並みは、赤、青、黄色と外壁がカラフルに塗られ、それぞれに個性と主張がある。

その中でもひときわ目立つ建物が佐々井さんの暮らすインドラ寺だ。日本の寺のように三角屋根の渋い木造家屋だとは思わなかったが、3年前、この寺の前に車が止まったときは、幼稚園かラブホテルと見まがうようなド派手なピンク色のコンクリ3階建てに我が目を疑った。しかも、100万人の信者がナグプールに集まる一年に一度のインド仏教最大の祭典「大改宗式」のために、信者たちが張り切って電飾していたため、夜になるとクリスマスのイルミネーションのようにビカビカと七色の光をまき散らしている。

寺の前にはインドの偉人であり、今から63年前にインドに仏教復興を作ったアンベードカル博士の銅像がドーンと建っているが、寺の壁のペンキはあちこち剝げていて、エレベーターはない。寺の前では、相変わらず子供たちが追いかけっこをして遊び、大人たちはベンチに座っておしゃべりに興じている。

1階の礼拝堂では近所の女性たちが祈っているのか涼んでいるのか、壁に寄りかかってくつろいでいた。「ナマステ（こんにちは）」のかわりに「ジャイ・ビーム！（アンベードカルに栄光あれ！）」というインド仏教の挨拶をして、暗い階段をトントンと上がる。2階は老僧たちの部屋で、佐々井さんが暮らしているのは最上階の3階だ。

部屋のドアは、出かけている時と誰も来てほしくない時以外は開けっ放しで、誰でも自由に出入りできるようになっている。不用心だが、全ての人に分け隔てなく接する佐々井さんらしい習慣だ。

そっと中を覗くと、3年前、ここでロングインタビューをさせてもらった時と同じように、物

佐々井さんが暮らすナグプールのインドラ寺。大改宗式のために電飾されて賑やかだ。

が散乱してお世辞にもきれいとはいえない。日よけのカーテンは変色しボロボロに破れ、そのすき間から陽がさしている。壁一面の備え付けの本棚には、日本語やヒンドゥー語の本が押し込まれており、床には安物の食器や書類がぐちゃぐちゃに積みあがっている。衝立《ついたて》の奥は古いパイプベッドと弱々しい風を送るクーラーが一台、ガタガタとひどい音をたてていた。１億５千万人の頂点に立つ高僧の部屋とは思えないほど、客が３人も入ればいっぱいの12畳ほどの質素で狭い住み家である。

その部屋の主である佐々井さんは、壊れかけた一人用のソファに座って、欠けた茶碗を手に、朝、近所の人が持ってきてくれたお惣菜で食事をしている最中であった。前の年、日本で再会したときよりも痩せてみえるが、顔色は良さそうだ。

「佐々井さん、お久しぶりです」と声をかけると、ちょっと驚いた顔をして、「おう、来たか。おまえ、だいぶ老けたな！」とさっそく憎まれ口を叩《たた》かれた。「そんなことを言うと、これ、あげませんよ」とプレゼントとして買った大量の日本食を取り出して見せると、佐々井さんは総入れ歯の白い歯を見せてニヤッと笑った。

「怒るな、日本の美人さん！ 今さら遅いって？ わっはっは！ それよりもおまえが書いた『週刊女性』の記事、届いたぞ。あれはよかった。俺はおまえのことをいい加減なやつだと思っていたが見直した」

藪《やぶ》から棒に佐々井さんは私を褒めだした。最初に私が佐々井さんを紹介したのは「週刊文春」のグラビアだった。100万人のもの仏教徒が集まる大改宗式の様子を見開きの写真で伝えたのだ。

しかし、佐々井さんは送られて来た雑誌を見て、「あいつはあんなにインタビューしたのに、ぜんぜん文章にしてないじゃないか。写真を載せただけで満足しておる。俺は物足りん！」とおおいに不服だったという。正直なところ、すぐにでも他の雑誌などでロングインタビューとして発表したかったが、あまりにも佐々井さんの人生が壮絶すぎて、まとめるまで時間がかかったのだ。

インド取材から1年半の月日が過ぎ、佐々井さんを知る人の周辺取材も終わり、ようやく週

いつも食事を運んできてくれる近所のおばさん。佐々井さんのことが大好き。

刊女性の「人間ドキュメント」や日刊ゲンダイの「注目の人直撃インタビュー」に原稿を掲載すると、日本であまり知られていない人なのに反響はとても良かった。

嬉しかったのは、ネットニュースにも記事が転載されると若い人たちがたくさんコメントを残してくれたことだ。それと前後して「群像」から「私のBEST３」というコーナーへの執筆依頼があった。テーマは何でもいいというので、「旅先で会った偉人」を取り上げ、そこでも佐々井さんの話を書いた。

「群像？　昔からある文芸誌ではないか。俺はまだ読んでないぞ」

「あら、送ってなかったですか？　コピーなら今、持っています」

「よし、ちょっと読んでみろ」

「ええと、私が旅先で出会った偉人ベストスリーを紹介します。まず第3位はアウサン・スーチー女史。ミャンマーを旅行してたら、軟禁中の女史が門から顔を出して説法していたんですよ。そして第2位は、メーデーにキューバに行った時、演説していたカストロ議長。言葉は分からないけど、メディアで伝えられている人物像と違って面白かったんです」

「おう、それで堂々の第一位は？」

「……インドの佐々井秀嶺《ささいしゅうれい》！　私が人生で出会った人のなかで、一番、ぶっとんでいる偉人であります」

「なにぃ？　俺がスーチーさんとカストロさんを抑えてナンバーワンか？　おまえ、さては俺をえこひいきしたな」

佐々井さんは、うわっはっは！　と腹をかかえて笑い出した。

「おい、その記事のコピーは置いて行け。よし、俺をあのカストロさんより上と認めたお礼に、今回は俺の全ての活動を見せてやる。おまえはここから5分のうちの宿坊に泊まれ。ただし、あちこち壊れておる。3ヶ月間、誰も泊まってないし、どうなっているか分からんがな」

正直なところ、今回は半月取材と長丁場なので、佐々井さんと取材スケジュールを決めてから、バスタブもエアコンもある快適なホテルを探すつもりだった。ところが、佐々井さんは「ホテル？　いや、ダメだ。うちのゲストルームなら連絡も取りやすいし、1階に僧がいるから安全だ。アミット、こいつを連れて行け。そして30分後にまたここに来い！」と言い放ち、さっさとベッドに戻ってしまった。

部屋にハトがいる！

ゲストルームがどんな様子か分からないが、もし水が出なければ明日、ホテルに移ってもいいし、とりあえず今晩はお世話になることにしよう。泊めていただいた日は、用意していたホテル代を寺にお布施として供養（寄進）する約束をして部屋を後にした。赤、青、黄色の仏教旗が翻る住宅街を抜け、「仏国土会《ぶっこくどかい》」と日本語で書かれた古いジープが横付けになっている2階建ての住居の前で、アミットさんの車は止まった。

１階の僧に挨拶をしようとノックをしたが、お勤めで外出中らしくカギが閉まっている。外階段を上がり、２階のゲストルームの重い扉についている南京錠をはずすと、ムッとした熱気でむせそうになった。こわごわ覗いてみれば、扉の向こうには10畳ほどのリビングと台所、奥のベッドルームが見える。想像していた部屋より立派で広そうだ。

しかし、入って歩けば白い粉がモワモワと空中を漂う。埃《ほこり》だ。ドスン、とアミットさんが白いソファに腰掛ければ、ブワッ！　と埃が舞い、思わず立ち上がったアミットさんのお尻の形が茶色くソファにくっきり残った。宿坊だから掃除くらいはしているだろうと思っていたが、インド僧、ぜんぜん管理がゆき届いていないではないか。

「オ〜、この部屋、だいぶ埃っぽいけど、アヅサ、大丈夫？　それに窓ガラス、あちこち割れているし。まあ、でも今はドライシーズンだから雨は降らないけどさぁ」

アミットさんは、眉間にシワを寄せて歩き回っている。部屋が汚いのは掃除すればいいけれど、鉄格子がはめてあるとはいえ、窓ガラスが割れているのは、防犯上、危険だし、これではインドのでかい蚊が入り放題だ。

台所の蛇口をひねると水がブハッ、ブボッ！　とすごい音を立てて一気に出たり止まったりしてびっくりしたが、スムーズに水が出るのは、当たり前ではないんだなあ、と妙に感心する。続いてガス台のつまみをひねってみたが、こちらは沈黙したままだ。

バスルームを覗いてみれば、シャワーのヘッドはもげており、洋式トイレは便座が割れている。大きなバケツと桶が置かれているのは、水を貯めてトイレの水を流し、体を洗えということだろう。暑いので水風呂は苦痛ではないが、コオロギらしき虫が元気に飛び跳ねているのが気になった。

奥のベッドルームにはベッドのすぐ脇に本が入った段ボールが人の背の高さまで山積みになっている。地震が来たら確実にオダブツだ。高温多湿でダニがすくすく育っていそうなベッドマットには嫌な予感しかしない。

しかし、窓にはめ込まれた年代物の小さなエアコンを発見して私は思わず小躍りした。気温40度を超える蒸し暑いナグプールでは、まさに地獄に仏。いや、まて、冷静に考えれば、割れた窓ガラスを放置しているくらいだから……と、ボタンをあちこち押してみたが予想通りうんともすんとも言わない。

「俺、そろそろ仕事行くけど、何か困ったことがあったら、いつでも電話して」とアミットさんは親切にも言ってくれるが、すでに私は困っていた。しかし、働いている人をこれ以上、引き留めるわけにはいかない。

元バックパッカーといえど、快適な東京のマンション暮らしに慣れてしまうと水シャワーや虫だらけの部屋は耐え難い。正直なところ、やっぱりホテルに移ろうかと考えたが、せっかく佐々井さんが部屋を用意してくれたのだから、しばらく住んでみることにした。アミットさんを見送り、まずはベッドマットのダニを退治するべく、ベランダで天日に干そうと引っ張りだした。

と、その時、誰もいない部屋の隅から「クルッ、クルッ」と声がする。ん？　何かいる？　と声の主をたどっていくと、カーテンの裏で何か動いている。恐る恐るカーテンを開けると、なんと部屋の内側に小枝を集めた巣が作られており、その巣の上にハトがデンと鎮座していたのだ。

３ヶ月間、誰も泊まる客がいなかったため、割れたガラス窓から入り込んだのか。せめて窓の外側に巣を作ってくれたらいいのに！　ハトは無表情のまま、じりじりと首を動かして、つぶらな目で私をじっと見る。もうダメだ。震える手でスマホのWi-Fiをオンにして、アミットさんに文字を打った。

「マイルームにバードがいる！」

ハトとにらみ合ったまま、直立不動で1分待ったが返信はない。ハトは病気を運んでくる鳥だ。台所にあったモップを手にハトに迫り、モップの柄《え》でグイとつつくと、いきなり「ホーーッ！」と鳴いて飛び上がった！　思わず尻もちをついた私を横目に、ハトは窓の外にバッサバッサと飛び去った。

まさか、インド初日にハトと戦うはめになるとは。そうこうしているうちに、佐々井さんとの約束の時間になってしまった。手を洗い、日本食のおみやげとカメラ、ノート、録音機をカバンに放り込む。インドラ寺に走って向かうと、佐々井さんは食事を終えて私を待っていた。

「おう、部屋はどうだ？　気に入ったか？」

「佐々井さん、大変！　ハトが部屋に住んでいる！」

「ハト？」

「そう、ハト！」

「ハトか……まあ、仲良くやりなさい」

「えーっ⁉」

ゲストルームのカーテンの裏に先輩（?）のハトがいる。

「あっちが先に住んでるんだ、ハトは先輩でおまえは新参者だ。ハッハッハ！」

普段、東京で平穏な暮らしをしている私にとっては大事件であったが、怒濤の半生を送ってきた佐々井さんに、豪快に笑い飛ばされると、たいしたことのないように思えてくる。まあ、ハトの立場にしてみたら、いきなりやってきた目の細い女にモップでつつかれていい迷惑だったであろう。

電気ポット料理を習得する

しかし、私の敵はハトだけではなかった。その夜、椅子に座れば足元を大きなアリに嚙まれ、バスルームではコオロギと格闘し、ベッドに横になれば、蚊とダニに刺される。ろくに眠れず、寝不足で翌朝、インドラ寺に向かってぼんやり歩いていると、「お前、ヨソ者か⁉」とばかりに野良犬に追いかけられるわ、細い路地で出合い頭に現れた野良牛にぶつかるわで、佐々井さんの部屋に辿り着いたときには、朝からすっかり疲れ果てていた。

「佐々井さん、私、動物難が出ています」と訴えると、「おう、後で祈っといてやるわ！　わっはっは」とまたしても豪快に笑うだけである。

しかし、適当に祈ってもらっただけで状況が変わるわけではない。アミットさんの指令を受けた仏教徒の青年がスクーターで駆けつけてくれたので、二人乗りして商店街に繰り出す。いくつかの店をまわり、蚊帳《かや》や電気ポット、防虫剤に分厚いシーツなど、この半月の宿坊生活で必要なものを買いそろえた。壊れた窓も補修しようと、厚紙とガムテープも買ったのだが、締め切ってしまうと熱中症で死にそうな気もして断念した。それでも、あちこち補修したり、床を雑巾がけしているうちだいぶ快適になった。

部屋の次は食事だ。私は料理が下手だが、滞在している間だけでも、佐々井さんに日本食を食べてほしいと思っていた。しかし、驚いたことに寺には台所がなかった。インドのお坊さんは日本と違って自分で食事を作らず、3食全て信者からの「供養（寄進）」だけで生活している。それは3年前に聞いて知ってはいたが寺に小さな台所くらいあると思っていた。ところが流しもなければ火も使えない。

人が生きていく生命線である食を他人に頼るということは、インドのお坊さんの生死は民衆が握っていると言ってもいい。今でこそ人気者の佐々井さんの元には、朝から供養されたおかずが並ぶが、ナグプールに来た頃はほとんど供養されず、常にお腹がすいていたという。ただ、今も当番制にしているわけではないので、10人の人が供養してくれる日もあれば、１人しか持ってこない日もある。ご飯にカレーにオムレツなどバランスがいい日もあれば、チャパティやおかゆなど炭水化物ばかり重なる日もある。まさに蓋を開けてみなければ分からないのだ。

私は大量の日本食材の前で腕を組んだ。さてどうするか。その時ふと、昨夜、買ったインド製の電気ポットが目についた。本来はお湯を沸かす器具だけど、蓋を開けて恐る恐る、めんつゆとミネラルウォーター、高野豆腐と刻んだ野菜を入れてスイッチをつけると、ぐつぐつと煮たち始めた。これはいける！　と思った瞬間、インドの電圧は高いのか、唐突にドワッと沸いてめんつゆは豪快にふきこぼれ、高野豆腐がポン！　と飛び出して驚いた。

温度調節はできないので、沸いた瞬間にスイッチを切って、少し冷めたらまたスイッチオンを繰り返す。日本の料理本では載っていない調理法だが、悪戦苦闘の末、だんだんコツをつかんで柔らかい煮物が作れるようになった。一方、佐々井さんの好きな浅漬けは簡単だ。出発前に、一番簡単にできる方法をネットで調べておいたからだ。スライスしたキュウリやダイコンに、塩昆布を入れてビニールでもんでおけばできあがり。

佐々井さんは日の出とともに目を覚ますが、すぐには食欲がわかず朝９時ごろに朝ごはんを食べてる。朝、私が宿坊で作った簡単な日本食をリュックに入れて佐々井さんの元を訪れ、近所の信者であるお母さんたちが持ってきてくれた白粥《しらかゆ》やオムレツ、カレーなどをテーブルに並べて一緒にいただくのが朝の日課となった。

しかし、「日本食は最高だなあ」と喜んで食べるくせに、途中でハッ！　とした顔で箸を止めて、「こら、お前は何をしにきた！　どこの国のジャーナリストも俺に食いかからんばかりに必死に取材をしてとっとと帰る。文藝春秋という歴史ある出版社は、おまえに取材をさせるために金を出しているのであって、俺に毎日、ご飯を作りに来たんじゃないだろう！」と天邪鬼《あまのじゃく》なお小言を言う。

今回の取材では、インタビューは二の次で、不健康な佐々井さんからお菓子やコカ・コーラを取り上げ、食生活を改善する計画を秘かに練ってきたのだ。

なぜなら、3年前、大改宗式に挑んだ佐々井さんは大病をして退院したばかりで、ほとんど食事が喉を通らなかった。気力だけでなんとか舞台に上がっても、調子が悪くすぐに降りてしまう。国内外の記者たちからの取材はあおむけに寝ながら答えていたほどだった。とはいえ、インド仏教1億5千万人も率いる実質上トップの僧としての責任は重大だ。時にはコカ・コーラを何本も飲んで一時的に血圧を無理やり上げることもあった。

そんな状態では、インタビューどころではなかった。何なら食べられるのか聞くと、佐々井さんは「浅漬け」と答えた。浅漬けなどインドにはもちろん売っていない。そこでナグプールの大きなスーパーで中国製のお酢と醬油《しょうゆ》を手に入れ、キュウリやダイコンで即席の漬物を作ると、それまではほとんど食べられなかったのに、浅漬けだけは喜んで食べてくれたのだ（後日、食べすぎてお腹を冷やしたじゃないか！　と理不尽に怒鳴られたが、私のせいではない）。

こうした経緯があったので、今回、体調を心配していたのだが、３年前よりもだいぶ食欲があってほっとした。まわりのインド人が言うには、「それでも、あんたが来るまでは食が細かったから、やっぱり日本食が恋しかったのでしょう」という。

ドアのとれかかった古い冷蔵庫には、時折訪れる日本の客人からのおみやげなのか、賞味期限のとっくに切れた梅干しやら味噌、羊羹《ようかん》、日本茶などがぐちゃぐちゃに詰まっている。しかし、佐々井さんが手をつけた形跡がない。１日中、ずっと忙しいし、電気ポットはあっても自分でお湯を沸かしてインスタントの味噌汁を入れることさえ、80歳を過ぎた佐々井さんには、しんどいのかもしれない。

「佐々井さん、こんなに何キロも味噌があるなら、インド人のお母さん方にもお味噌汁の作り方を教えて帰りましょうか？」

「バカ言うな。出されたものを何でもありがたく頂くのが僧だ。あれがほしい、これがほしいと言ってはならん。とはいえ、俺は60年以上もこのインドで暮らしているが、未だに辛いカレーも甘すぎるチャイも苦手なんだ。しかし、残したらかわいそうだと長年、食べていたら糖尿病になってしまった」

「え？　糖尿病でしたか？　では野沢菜やシャケの燻製《くんせい》はこのくらいにしておきましょう」

「こらこら、しまうな。野沢菜よこせ！　シャケもまだ食うぞ！　お前はすぐ看護師のようなことを言う。おい、お前、ナグプールに残れ。残って毎日、俺のために飯を作れ」

「あ〜、私が今、40歳代で佐々井さんは80歳過ぎですよね。あと3、40歳、佐々井さんが若かったらお嫁さんになっても良かったんだけど」

「ワッハッハ！　バカを言うな！　お前なぞいい嫁にはなれん！」

冗談を言いゲラゲラと笑いながら、茶こしで入れた日本茶をすすると、「あー、甘ったるいチャイよりもこっちがうまい。さあ、そろそろ俺にインタビューをしろ」と佐々井さんがせかす。

ところが、そんななごやかな時間を切り裂くかのように、驚きの悩みを抱えたインド人が次々とこの散らかった部屋に飛び込んでくるのだった。

第2章 よろず相談所

私が訪れたこの３月は佐々井さんが大きな行事もない時期であるから、私はのんびり取材できるだろうと考えていた。しかし、初日からその考えは甘かったことに気が付いた。

朝食を終え、隣の簡素なバスルームで食器を洗って部屋に戻ってくると、先ほどまで笑い転げていた佐々井さんは豹変し、阿修羅のごとく顔を真っ赤にして「あのニセ坊主め、今度こそ許さん！　とっつかまえて俺がボッコボコにぶん殴ってやる！」と怒り狂っていた。部屋には、私と入れ違いでお客が来ていて、困り顔の男が２人、そして赤いサリーを着た30代くらいの女の人が隅でシクシクと泣いている。

「おう、大変なことが起きたぞ。この奥さんのな、ダンナが実に悪い奴なんだ！　半年前だったか、妻子を捨てて女と逃げやがった。一度は皆でとっつかまえて、家に連れ戻したんだが、またその女と逃げたんだ。あー、許さん！」

「インドでも浮気や駆け落ち……そんな男、慰謝料たっぷりもらって別れたらどうでしょうか」

「ばかもん！　娘もおる！　そいつはニセ坊主、愛人はニセ尼となり、旅行会社を立ち上げて、仏教遺跡ツアーをやっておる。ツアーの途中で『もっとお金をよこせ。そうじゃなきゃバスを降りろ』とお客に迫る、とんでもない奴なんだ。まさかまた僧衣を着ているとは！」

佐々井さんにとって僧衣は、仏に仕える者のユニフォームである。それを着ながら詐欺を働くとはどうにも許しがたいのだろう。佐々井さんの怒号に煽《あお》られたのか、奥さんはさらにワンワンと激しく泣き始めた。佐々井さんはいくらか優しい声で「絶対にあいつを連れ戻す！　心配せんでいい」と慰めたが、男たちには険しい顔を向け「おい、奴がどこにいるのか分かるか？早くとっつかまえてこい！」と虎のように吠《ほ》えた。

浮気男にニセ尼、詐欺旅行会社にカツアゲと、なんだか漫画のストーリーのようだ。しかし、インドでは浮気はお坊さんのところに行くものなのだろうか？

3人がぞろぞろと引き上げると、佐々井さんは「はー」と深いため息をついて額に手を当てた。朝から血圧を急上昇させて、ドッと疲れたのだろう。ところが、それから5分も経たないうちに、今度は、先ほどの3人組とは180度違って、幸せそうな一家が「バンテージ！　ジャイ・ビーム！」と軽やかな足どりで部屋に入ってきた。バンテージとは、高僧を呼ぶときの尊称で、佐々井さんは人々から親しみを込めてそう呼ばれている。

50代くらいであろうか、ピンクのサリーを着た小太りの母親と穏やかそうな父親、それと25、

６歳くらいの息子は、どことなく恥ずかしそうだ。佐々井さんの前に座った父親がおずおずとスナックを１袋、手渡した。あれは確かキオスクで売っている30円くらいのカレー味のポテトチップスだ。相談ごとの前払いなのだろうか。

ついさっきまで阿修羅顔だった佐々井さんは急に慈悲深い菩薩の顔となり、「近所に住んでいる一家なんだ。おい、お前、なんか日本のお菓子はないのか？　出してやれ」と言うので、日本食袋の中から、抹茶のカントリーマアムを取り出し、熱い日本茶を出した。

「夫が女と駆け落ち！」と泣く婦人。佐々井さんの表情も険しい。

「実は…うちの息子もそろそろ結婚を考えていて。でもなかなか好きな人もできないみたいで、誰か紹介してもらえないでしょうか？」

「何？　もうお前もそんな歳か。どんな子がいいんだ？　ん？　照れてないではっきり言え！」

もじもじする息子に、「ほら！」とせっつく両親とハッハッハと楽しそうに笑う佐々井さんを前にして、またしても疑問が浮かぶ。結婚相手の紹介はポテチ一袋で請け負わねばならない、お坊さんの仕事なのか？　結婚相談所とか若者同士の合コンなどはインドで存在しないのか。

幸せそうな一家も帰り、今度こそとノートを広げて取材を始めようとしたら、ドドドドと階段を駆け上がる音が聞こえて、顔面蒼白のメガネのおじさんが「バンテージ〜‼」と駆け込んできた。目にはうっすら涙をためている。取材ノートをパタンと閉じて席を譲った。

おじさんの話をふん、ふん、と聞き終えた佐々井さんは、私の方をチラリと見て「この人の娘がな、ロシアで貞操の危機なんだ」と、沈鬱な表情で便せんを取り出した。

聞けば、ロシアに国費留学している娘がいるのだが、インド政府の仕送りが突然、ストップしたという。おじさんは、様々な政府機関や議員に掛け合ったが、そんな手柄にもならない小さな案件に誰も聞く耳を持ってくれない。帰国の飛行機代もなく、仕送りが尽きた娘が心配でたまらず、佐々井さんを頼ったのだという。日本ではありえないいい加減な話だが、インドではそんな話はざらにあるそうだ。

「金がなくなれば、生きていくために貞操を売らねばならないかもしれん」

「え？　そんなすぐに貞操を売らなくてもいいでしょう。アルバイトはできないんですか？」

「留学生はダメらしいぞ。今からモディに手紙を書いてやる。これを持ってデリーに行けば何とかなるだろう」

「モディって誰ですか？」

「バカもん！　お前はインドのトップも知らんのか？」

「まさか首相のナレンドラ・モディ⁉」

「おうよ、佐々井の名を知らぬインドの首相はおらん！　俺のことはみんな怖いんだ。何せブッダガヤの奪還闘争なんかで首相官邸に交渉しに行くときは、いつも刺し違える覚悟だからな」

佐々井さんは、なにやらヒンドゥー語でサラサラ書き、末尾にサインをしておじさんに手渡しすると、おじさんはようやくほっとしたのか、大事そうに懐に手紙をしまうと、何度も、佐々井さんにお礼を言って去っていった。

警察でもなく、弁護士でもなく、結婚相談所でもなければ、議員でもない。ただの（というと失礼だが）お坊さんだ。それが１日中、市井《しせい》の人々の喜怒哀楽に寄り添い、まるで自分のことのように怒ったり、喜んだり、悲しんだりしている。

しかも佐々井さんは村の小さなお寺の住職ではない。仏教関係の様々な組織でトップを張っている１億５千万人の仏教徒の頂点に立つ人だ。日本だったら、庶民がいきなり会うことはできないだろう。「駆け込み寺」という言葉もあるくらいだから、こんなお坊さんが今も日本のどこかにいるかもしれないけれど、少なくとも私は会ったことはない。これがインドのお坊さんのスタンダードなのだろうか？

「日本の仏教は今や株式会社みたいなもんだ。檀家を回っていればお金に困らない。しかし、本来、お金もうけよりも困っている人を助けるのが僧の仕事だろう。しかし、そんな損得抜きで相談に乗る坊主は、インドだって、そうそう、おらんぞ。やっぱりみんな金でしか動かん」

「でも、インドでは日本と違って離婚して家族と縁を絶ち切らないとお坊さんになれませんよね？　養わなければならない家族もいないし、雨露しのげる寺もあるし、毎日、誰かが食事を運んでくれるのに、そんなにお金は必要ですか？」

「本来は、自分の親も子も特別ではなく、分け隔てなく接するのが出家だ。だが、僧になっても、自分の子には執着する奴は多い。お金がとれる冠婚葬祭には喜んでいくが、貧しい人の相談なんかは熱心にやりたがらない。だから、民衆が本当に頼れるのは俺しかおらんのだ」

こんな毎日が何十年も続いてきたのかと思うと気が遠くなった。私なら疲労困憊《こんぱい》で３日で逃げ出すだろう。そう告げると、佐々井さんは「坊さんこそ義理と人情。日本男児たるもの、困っている人を見過ごすわけにはいかん」とどこぞの親分のように腕組みをするのだった。

第３章　悪魔《あくま》祓《ばら》いに孫の手を

インドに行くと私が友人に言うと「危ないのではないか？」と心配されるが、日本でも新宿歌舞伎町と銀座の治安に差があるように、ここナグプールでもエリアによって大きく違う。私が泊めていただいているゲストハウスとインドラ寺周辺の治安は非常に良く「この辺は俺の縄張りだから安心だ」と佐々井さんも太鼓判を押すほどだ。

しかし、佐々井さんが初めてここを訪れたときはアウトカーストである不可触民の人々が吹けば飛ぶようなバラックで暮らす一大スラム街であった。インドには３０００年続くヒンドゥー教と深く関わるカーストと呼ばれる身分制度がある。最高位の僧侶、次に王族や戦士、商人、最下位の奴隷と主に4階層に分かれているが、不可触民はその最下層の奴隷にすら入れない人々で、全人口約13億人の２割ほどいると言われている。

その当時、ほとんどの不可触民は学校にも入れず、きつい汚れ仕事しか選べなかった。努力しても上に行けず何の希望もないまま毎日を過ごしており、貧しさから窃盗や強盗、時には殺人も起きる。子供を中学校どころか小学校も行かせられない家庭ばかりで、大人の目も死んでおり、日々の苦しみから逃れようと酒浸りの人もいた。

そんな危険地帯がいったいどうして、ナグプール市民が憧れる治安のいい街に変わったのか。何軒かの家を訪ねて話を聞くと、産まれた時から仏教徒という2世、3世の人は、「親や祖父母からは佐々井さんのおかげだと聞いている」と口をそろえる。

ナグプールに来たばかりの頃、石を投げられても、供養がなくても、毎日、でんでこを叩きながら人の生きる道を説いた佐々井さんを、いつしか街の人々は尊敬するようになった。そしてその尊敬は、仏教への興味に変わっていった。気がつけばカーストのない仏教徒に改宗する人が飛躍的に増えていったという。

「親が一食抜いてでも、学校に子供を行かせなさい」と佐々井さんに言われ、子供を進学させると、卒業した子供たちが仕事を選べるようになった。収入が増えると家も立派になり、治安も各段に良くなっていく。街に希望が生まれ育っていった。

佐々井さんの約60年にわたる活動のおかげか、私が朝夕、暑い中を歩いていると皆、「ジャイ・ビーム！」と手を合わせてくれる。時折、立ち止まると誰かしら飛んできて、道に迷っているのかと声をかけられる。そして「あなた日本から来たの？　佐々井さんを生み出した素晴らしい日本にいつか行ってみたい」と目を輝かせて言うのだ。「佐々井さんが特別なだけなんだけど……」と焦りつつ、私も手を合わせて挨拶を返すのであった。

　昨日、あれだけの人が相談に来たのだから、今朝はさすがに佐々井さんの部屋も静かだろうと思っていたが、すでに客人がいた。この蒸し暑さの中でも、ビシッとアイロンをかけたワイシャツを着てやってきた50代くらいのおじさんが何やら陳情をしている。

　邪魔しないように、持ってきたお惣菜を取り出し、お湯を沸かして朝食の準備を始めたが、佐々井さんの困惑したような表情から、どうやらおじさんの願いを断っていることが分かった。

　市井の人々の悩みなら、どんな小さな悩みでも真摯《しんし》に付き合う佐々井さんでも、渋ることがあるのかと驚いたが、長い沈黙の後、佐々井さんは、「仕方ない、やってはみるが……」と渋々引き受けた。その言葉を聞いたおじさんは、パッと明るい顔になり、何度も、佐々井さんの足元に頭をつけお礼を言って出て行った。

　佐々井さんはぬるくなったお茶をグイッと一気に飲み、「あー、俺はもう呪いとか、そういうお祓いのようなことはやらないようにしていたんだ」と言って、ぐったりソファに沈み込んだ。

「え？　佐々井さん、今度は呪いを解くんですか⁉」

「そうだ。昔は頼まれればやむを得ず、引き受けていた。しかし、呪いを解くのは骨が折れる。昔、犬が憑《つ》いた女の悪魔祓いをしたが、何日も取っ組み合いの大騒動だ。ようやく終わっても、こっちもしばらく具合が悪くなる。俺は歳でもうそんな体力もないし、引き受ければ、呪っている相手から恨まれることもある。他を当たってくれと何度も言ったんだが」

相談の内容とはこうだ。さきほどのおじさんには弟がいる。その弟を憎み、弟の娘たち、つまり姪っ子たちを呪い悪魔を取り付かせた奴がいるらしい。姪っ子たちは真面目に勉強していても、試験当日になると、急におかしくなって一問も解けない。意味もなく急に泣き出したり、バカみたいにぼんやりしたりと、そんなことが頻繁に起きて、医者に見せても治らない。おかしいと思って調べたら、近所の男が呪いをかけていることが分かったという。

本人に問い詰めても白状しなかったが、家の近くに呪った形跡が残る祠《ほこら》が発見された。警察に訴えたが、相手にされない。それで困り果てて佐々井さんを頼ったらしい。

「仏教徒になっても、呪いを信じてしまうのでしょうか？」

「お前はまだインドの何も分かっておらん。仏教とは関係ない、インド土着のものだ。貧しい民衆の間に横たわる深くて暗い闇は昔から変わらない。この国には深く根をはっておる」

インドの人々はたくましく、あっけらかんとして見える。だが、ここにいると、毎日、ディープなインドを垣間見る。ともかく、明日の朝一番の佐々井さんの仕事は悪魔祓いとなった。

佐々井さんvs.インドの悪魔

その夜に、私は幼い頃に見た映画「オーメン」の一シーンを思い出していた。悪魔が取りついた少年が、次々と周りの人を殺してしまうのだ。こんなハイテクな時代に悪魔祓いが実際に行われていること自体、驚きだった。祓っている最中、佐々井さんが悪魔に負けたり、うっかり私も祟られたりしないだろうかと、なかなか寝付けなかった。

翌朝、昨日のおじさんが寺にやってきた。寺の車に皆で一緒に乗り込むと佐々井さんが日本語で私に、「いいか、この男の弟の家で何か食べ物を出されるかもしれないが、絶対に食べるな。お前は食いしん坊だから心配だ」という。「貧しい人の家だから遠慮しろ」という意味かと思ったら、「毒が盛られていることもある」と不穏なことを言う。

「そんな……このおじさん、毒を入れるような悪人には見えないですよ」

「俺は何度も騙されている。いい人であっても、金を握らされて貧しさゆえに実行してしまうこともある。人の心は弱い。あるいは、ほかの奴がこっそり忍び込んで毒の入ったお菓子を置いていくこともあるからな」

寺から約20分ほどだろうか、ごく普通の住宅街の一角に建つ、２階建ての小さな家の前で車が止められた。おじさんが先に車を降りて声をかけると、玄関から一家総勢７人が手を合わせて佐々井さんを出迎えた。足腰が弱い佐々井さんは支えられて家の中に入っていく。リビングに置かれたソファ兼用のシングルベッドに胡坐《あぐら》をかいて座り、家族は床の上に座った。

貧しい暮らしであることは一見して分かったが、掃除が行き届いて床はピカピカ、ゴミ一つない。壁には寺の銅像と同じ、アンベードカル博士の肖像画が掲げられ、部屋の片隅には仏像や花を生けた小さな祭壇が置かれていた。

呪われている姪っ子ふたりはすでに成人しており、そのうち一人は赤ちゃんを抱いている。しばし、それぞれの訴えに耳を傾けた佐々井さんは、インドの伝統服である白いパンジャビドレスを着た娘のひとりを目の前に呼ぶと、「オンアビラウンケンバザラダトバン（大日如来真言）〜」と、隣近所に轟くほど大声で日本語のお経を唱え始めた。

そして長い平たい棒を取り出し、ペシペシと……な、なんと娘の頭を木魚替わりに叩きはじめたのだ。それだけでも驚きなのに、よく見ると、その棒は佐々井さんが自分の背中をいつも掻《か》いている孫の手ではないか！　なぜ孫の手⁉

ベッドの上に座り、孫の手でインド人の頭を叩く日本人僧。そのあまりにも奇妙な光景に、真剣なインド人家族には申し訳ないが、思わず吹き出しそうになり、ギュッと舌を噛んだ。

しばらくすると、赤ちゃんを抱いたお母さんが嗚咽《おえつ》しはじめた。呪われている2人の娘のうち1人だろう。お兄さんや両親が「泣くんじゃない、静かにしなさい」と注意するも止まらない。もしかしてお経が効いて、悪魔が苦しんでいるのだろうか。

嗚咽が激しくなり、ウオオオと獣のようなうなり声が響く。暴れ出して噛みつくのではと心配になったが、佐々井さんはまるで気にせず、今度は「イッシンチョウライ　ジッポウカイジョウジュウサンボウ〜（一心頂礼十方界常住三宝）」と違う種類のお経を唱え始めた。佐々井さんが得度《とくど》を受けた真言宗の経文と違うようだが、一家にはそんなことは分からない。

そんな真剣なお祓いの最中でも、家族のスマホがピロピロとあたりかまわず鳴り響く。「ハロ

一家の呪いを解く佐々井さん。孫の手は最強の仏具に!?

ー！　やあやあ」という調子で話し始める気ままなインド人。さんざん頭を下げてようやく来てもらったインド仏教の最高指導者の前でもいつもの調子を崩さないのがすごい。

一時間ほど経っただろうか。お経を唱え終わると、佐々井さんはお供えの聖水を皆の頭にかけはじめた。そして娘に仏の姿が彫られたペンダントをかけてやり、さらに口を開けさせ、オブラートのようなものを食べさせている。

そして日本の寺で売っている魔除けのお札も渡し「そこに貼っておけ」と壁を指さすも、漢字を読めないインド人がグルグルとお札をまわし、「どっちが上なのか」と佐々井さんに尋ねている。漢字で書かれたお札がインド人の家庭にうやうやしく貼られたが、果たして効果はあるだろうか。

最後にお供え物のバナナやリンゴが乗った果物のお盆を全員で持ち、片合掌しながら祈る。これは日本では見ない光景だ。疲れ切った顔をした佐々井さんがベッドから降りると、予想通り、インド人家族が「食事を用意しているから」と引き留めたが、佐々井さんはすさかず「おお、悪いが、これから急いで行くところがある」と振り切って、「おい、行くぞ!」と私に目で合図をして玄関を出た。

玄関先に座り込むコブ牛を家族が追い払い、私たちは寺の車に乗り込んだ。遠くなっていく家族に窓から手を振っていると、佐々井さんが「おい、腹が減ったか? お前、インドの家庭料理、本当は食べたかったか?」と少し申し訳なさそうに聞いてくる。

「いいえ。朝ごはんをたくさん食べましたから。ところで娘さんが急に泣き出しましたが」

「おう、気が付いていたぞ。やっぱりちょっと変だったな。しかし、これで治まるだろう」

「佐々井さん、途中でお経の種類がどんどん変わってましたけど?」

「ほう、お前でも、少しはお経が分かるのか。真言宗でも日蓮宗でも天台宗でも日本の八宗派の最強のお経を全部、唱えてやったぞ」

「途中で食べさせていたオブラートのようなものはなんですか?」

「あれは護符だ。日蓮宗のすさまじい荒行をした坊主がお経を書いた強力なやつだ」

「佐々井さんは確か真言宗で得度を受けたはず。日蓮宗の護符も使うの?」

「どこの宗派でもいい。日本の坊さんは、宗派で対立していて連携もしないが、俺は宗派なんて関係ない。真理は全部、一緒だ」

「なるほど。でも、あの孫の手にはびっくりしました」

「わっはっは。孫の手は最強だ。背中も掻けるし、ポクポクともできる。インド人は仏教のすごい杖か何かだと思っておる。ご利益があると信じて、体の悪いところを叩いてくれというやつもおる。不思議と痛みが治まるらしいぞ。まあ、結果よければ全てよし、だ」

我が道を行くインド人よりも、佐々井さんのほうが一枚上手らしい。しかし、いつかインド人に孫の手の秘密がばれるのではないか。いや、もしかしたら、インドでは孫の手が仏具に昇格して仏壇に置かれる日もくるかもしれない。

第4章　人生の暗夜行路

仏教大会や葬式など出張のない「普段の日」でも、佐々井さんは猫の手も借りたいほど忙しい。体がいくつあっても足りないほどで、ひっきりなしに信者が駆け込んでくる。どれだけ貧しい人々から頼りにされ、慕われているかがよく分かった。

たった一人で日本からやってきた僧が、人も街も蘇らせる原動力となる。これが本当の宗教家の力なのか。これまでどんな人生を送り、どのようにしてそんな力を身に着けたのだろうか。悪魔祓いを終え乗り込んだ車の中で、くたびれて寝てしまった佐々井さんの高いびきを聞きながら考えていた。

ここからはインドの生活から離れて、いかにしてインド仏教徒1億5千万人の頂点に立つ僧侶が誕生したのか、佐々井さんの半生を振り返ってみたい。

佐々井さんが産声《うぶごえ》を上げたのは、1935年、岡山市の中心部から車で1時間半ほどの菅生《すごう》村別所という、10数軒ほどの山あいの小さな集落だ。鳥取県との県境にあるこの地区の近辺を、雑誌の取材で通ったことがあるのだが、うっそうとして緑が黒々と濃く、日本昔話に出てきそうな重い空気が漂っていたのを今でも覚えている。

平家の落ち武者伝説が多く残る地域であり、ひっそりと隠れるように暮らした平家の人々の息遣いも残っているのかもしれない。そんな山深い土地で育った佐々井さんに子供時代について尋ねてみると、いつも私には、「やい、こら、お前！」とヤクザの親分のような口調で話すのに、「子供時代を語る前に、わたくしのルーツであるお父さんとお母さんのことも全てあなたに話さねばなりませぬ」と急に改まって浪曲師のように語り始めた。

菅生村別所の村長の娘で後に佐々井さんの母となる澄子さんというかわらしい女性がいた。澄子さんは都会に憧れ別所を出て、京都にある撮影所で事務員として働いていた。きっと当時はモダンガールとして、都会を満喫していたのだろう。佐々井さんが今も昔も映画好きなのは、お母さんの影響かもしれない。

澄子さんは、都会に飽きたのか、田舎が恋しくなったのか、仕事をやめて故郷に戻ったところ、左官屋に奉公していた頭が良く男前の職人と出会った。それが佐々井さんの父、秋夫さんであった。澄子さんの一目ぼれで二人は結婚。ほどなくして瞳の澄んだ男の子を授かった。それが、佐々井実、のちの佐々井秀嶺である。

世紀の苦悩児　女と蛇

よく働く真面目な父と、快活で明るく歌の好きな母のもと、野山を駆け回り、のびのびと育った佐々井少年。この頃が一番、幸せだったかもしれない。小学生の頃に第二次世界大戦が激化すると両親は左官業に加え、出征した人の畑も管理するようになり多忙を極めた。長男の佐々井さんは弟や妹の子守や父の仕事を手伝うため、大好きな学校も休みがちになる。

「村長の娘だった母は、農業なんてやったことがなかったから苦労していたのを覚えている。父は動物好きで馬や牛、兎や鶏、なぜかシェパードまでどこからか手に入れて飼っていたな。戦争が終わったのは9歳の時。俺は勉強が好きだったけれど、手伝いで学校に行けない日も多くて。それでも成績は良かったぞ。中学一年の時、50名中3位。1位は山本、2位は山園、3位が佐々井……」

体力もあり機転もきき、頭もいい。おまけに美男子。このまま順調にいけば高校や大学進学、そして立身出世も夢ではない。戦後、日本は復興に向けて邁進《まいしん》し、人々には貧しいながらも「努力すれば貧しさから抜け出せる」といった希望が満ち溢れるようになった。ましてや佐々井さんのように優秀ならなおさらだ。

ところがである。そんな佐々井少年を不幸のどん底に突き落とす苦しみや事件が次から次へと津波のように押し寄せて来たのだ。

「さあ、ここからが世紀の苦悩児のはじまりでございます」と佐々井さん。現代にも「中二病」という言葉があるが、青春時代特有の将来の不安や恋の悩みであろうか。

「恋というより、女の体に興味がありすぎたのだ」

「思春期の男の子なら、そんなに珍しいことではないのでは？　同級生にスカートめくりでもして嫌われたんでしょう？」

「ん⁉　そんな無邪気なもんじゃないわ！　なにしろ、小学校５年生のとき、親に隠れて同級生と初体験をすませた俺だ。ガッハッハ」

11歳で初体験？　ちょっと早すぎやしないか？　インドの敬虔《けいけん》な仏教徒が聞いたら、ひっくり返るだろう。

「単に女に興味があって頭の中で妄想が止まらないだけではないんだ。同級生でも学校の女の先生でも、女とみればお尻や胸ばかりに目がいき、実際に触りたくなる。そして本当につきまとってしまう。同級生の男の子でも、そこまで追いつめられる奴はいない。自分は何か異常ではないかと、苦しくて、苦しくて、困って、困って、困って…」

最初は笑って聞いていた私も、佐々井さんが話しながら本気で苦しそうな顔をするので、子供にも依存症があるのかと考えこんでしまった。

その頃、佐々井さんの家には大阪から疎開してきた叔母さんとその息子がいた。戦時中から、そして戦争が終わってもしばらくの間、一緒に暮らしていたのだが、その叔母さんが「ここからバスで2、3時間くらいの高尾の集落に、あんたのおじいさん、土井家があって、昔はすごく大きな家だったんだよ」と教えてくれた。そういえば、父はなぜか一度も自身の家族の話をしたこともなければ、墓参りに連れて行ってくれたこともない。佐々井さんは、どうしても自分のルーツを辿りたくなり、叔母さんの息子を誘ってバスで墓参りに行った。

高尾の集落に到着してみれば、土井家の屋敷はすでに他人の手に渡っており、周りは草がぼうぼうで大きな墓石が将棋倒しになり荒れ果てている。先祖は平家の落人《おちうど》とも聞いていたが、墓石はコケだらけで誰も墓参りに来ていないのは一目瞭然だった。生ぬるい風が吹いており、霊のうめき声が聞こえてくるような殺伐とした光景に呆然としていると、地元の人が「土井家の方ですか?」と話しかけてきた。その時、佐々井さんは父の出生の秘密と祖父の非道を知ることになる。

佐々井さんの祖父、土井家の武右衛門さんは、新見近郊では有数の金持ちの庄屋で、村の人々から御前様と呼ばれていた。しかし、大変な女狂いで、権力とお金にまかせて方々に妾を作ったという。その妾の一人に佐々井家の女性がいた。ふたりの間に佐々井さんの父である秋夫さんが生まれると、土井家の本妻が怒り狂い、「そんな妾の子なんてうちには置けない!」と家から追い出し、ボロボロの小屋に住まわせた。祖母が若くして亡くなると、幼い秋夫さんをわざと遠いところへ水を汲みに行かせたりと、ひどくいじめたらしい。

同じ父の血を引きながらも、贅沢に育てられている本家の息子たちとは雲泥の差。親の優しさも知らず、あちこちの家をたらいまわしにされた秋夫さんは、子守や牛追いなどの仕事に追われ、学校にも通わせてもらえず、まるで奴隷のような扱いを受けた。

秋夫さんはそれでも歯を食いしばり、左官業を身に付け自立。菅生村別所に奉公先を見つけ、そこで佐々井さんの母、澄子さんと出会い、貧しいながらも幸せな生活を手にしたのだった。

反対にその後の土井家は悲惨そのものだった。女狂いの主人に嫉妬に狂った妻、なかには自殺した人や毒殺された人もおり、秋夫さんの腹違いの兄である本家の長男は夜逃げしてしまい、家は没落して継ぐ人もいなくなってしまったという。

「おじいちゃん、こうなった理由が分かりません。平家の亡霊に取り付かれた耳なし芳一の昔話は知っていたけれど、現実にこんな世界があるとは。土井家も平家の亡霊に祟られているのでしょうか」と、佐々井さんは自分のルーツである土井家の惨状と、妾の子として生まれた父の苦労を思い、ポロポロと涙をこぼした。

墓前で手を合わせているうち、なぜ自分が猛烈に女に執着するのか、やっと理解した。一族に脈々と色情因縁の黒い血が流れている。その苦しみは自分の代で絶たねばならない。いつか出家し功徳《くどく》を積むしかない。佐々井さんが、お坊さんになろうと決意した人生最初の日であった。

蛇の心臓を飲みほす日々

異常なほどの女性への執着と先祖の秘密を知って苦悩する佐々井少年にさらなる試練が襲う。土井家の墓を見に行った数ヶ月後の冬のある日、一人で雪山へ入り、薪になる木を切っていると、疲労からか雪の中にぶっ倒れてしまった。帰ってこない息子を心配して、父が探しに行くと、意識がない仮死状態の佐々井さんを発見。慌てて呼びに行った医者には、「もう先は長くない」と宣告されるし、おばあさんが泣きながら墓を掘ってしまったくらい、誰の目から見ても絶望的な状況だったという。

しかし、奇跡的になんとか一命をとりとめ意識が戻る。それでも体はなかなか回復せず、学校にすら行けない。弱り切った佐々井さんが、往復8キロの道のりを歩くのは到底無理だった。どうにかして息子を助けようと、母が評判のいい山伏《やまぶし》に祈ってもらうと、「赤い目をした蛇の心臓を食べさせろ」と告げられた。

「それからというもの、親戚も総動員して山で赤い目の蛇を片っ端から捕りまくった。それを毎日、おやじが引き裂いて心臓を取り出してな、150個も200個も飲まされた」

「え〜、想像しただけで身震いがします。その赤い目の蛇とは、シマ蛇のことでしょうか？」

「シマ蛇だけかどうかは俺には分からん。しかし、龍から連想される蛇は、中国でも日本でも神として崇められていて、日本の神話に出てくる八岐大蛇《やまたのおろち》の目は赤い色をしておる。赤目の蛇は守り神だと信じられていたから、信心深い村の人はそれまで誰も食べなかったんだ」

「そんな守り神の心臓を食べてしまって、かえって呪われなかったのですか？」

「それが、山伏のお告げ通り、蛇の心臓を食べるようになってから、多少、起き上がれるようになってな。ところが、どういうわけか元の俺には戻れない。不思議なことに、山や藪の中をグネグネとさまよいたくなる。頭は悪くなり何も考えられない。川のほとりやクマ笹の中に一人でいるほうが心が安らぐ。今にして思えば、蛇の生態そっくりだ。蛇の生きた心臓をあれだけ食べたから、生きながらにして蛇に輪廻転生をしたのかもしれない」

牛肉を食べたら牛になるわけではあるまいし、科学的には考えられない。が、佐々井さんはいたって真剣である。蛇のおかげで生きながらえたものの、結局、中学2、3年生のときは、学校にはほとんど行けなかった。

人生の暗夜行路

月日は流れ、卒業の季節がやってきた。出席日数の足りない佐々井少年、特別な計らいで卒業させてもらえることになったが、進学や就職など進路の決まっている同級生たちの誇らしげな顔に、進路も決まらず、それでいて家の手伝いもする気が起きない佐々井さんの心は曇るばかりだった。

田舎では薪を背負うのも、木を切るのも1から10まで体力が必要だ。しかし、倒れて以来、蛇のように体がグニャグニャして力がでない。それならば、これからの将来、頭で勝負するしかない。一年休んで地元の高校に行く手もあったが、それよりも一発奮起して東京に行きたいと両親に直談判した。

優等生だった佐々井さんは人一倍、プライドが高かったのかもしれない。東京で一旗揚げたい、同級生たちを見返してやりたいという気持ちがあったのだろう。しかも、進学ではなく、高田馬場にあった精神道場、東京正生院に入りたいと考えていた。

今ではあまり聞かないが、かつて座禅や話術、気合術の修行が行える精神修行の道場があったらしい。学校に行かせてもらえなかった佐々井さんの父は、子供たちには教養を身に着けてほしいと東京から本や雑誌を取り寄せて読ませており、その中に正生院について紹介した記事があったのだ。

「佐々井さん、学歴よりも精神修行ですか？　心が弱いとは到底、思えないのですが」

「俺は当時、極度のあがり症でいつも自信がなかった。弱い心をそこで鍛えたかったんだ」

「今は何十万人の前で説法をし、首相にさえ虎のように吠える傍若無人な男が？」

「変われば変わるもんだろ？　俺はこれでもけっこうナイーブな少年だったんだぞ」

心配した両親は大反対だったが、佐々井さんの熱意に負けお金を持たせて東京に送り出してくれた。初めてみる大都会、全国から集まった若者たちとの共同生活、それだけでも刺激的だったが、精神を鍛えるため、人前で自分の生い立ちなどを話したり街頭で演説を繰り返したりしているうちに羞恥心が消え、佐々井さんの内気な性格がじょじょに直っていった。

半年が経ち、親が出してくれた資金も尽きかけた頃、佐々井さんは東京の下町にある綿屋に運よく就職する。病弱だった細い体も、リヤカーで毎日、山のような綿を運ぶうち、次第に筋肉がつき、足腰が強くなった。

ところが、時々、吉原に通っていたのがばれて店を首になってしまう。友人との付き合いで適度に遊ぶことを覚えたのだが、潔癖な店の親父は怒って口もきいてくれなくなってしまった。佐々井さんは18歳でまた故郷の別所に戻ると、両親はすっかりたくましくなった息子を見て喜んでくれた。

今度は、自分で商売をやってみたいと、父の助けも借りて新見市の一等地に店を構え、炭や薬草を売る仕事を始めた。山に生えている薬草が都会でお金になることに気が付いたのだ。正生院で度胸をつけ、綿屋で商売を学んだ経験が功を奏して、店は繁盛した。ようやくこれで同級生たちと肩を並べられると自信を持った矢先、店の向かいに下宿してきた女子高生の豊子さんと知り合った。美しく、少し影があるが、またそれが魅力でどことなくミステリアスだ。佐々井青年が恋に落ちるのに時間はかからなかった。

「嬉しいことに豊子も俺を好いてくれて付き合うことになった。ところが、一日中、頭のなかは豊子、豊子、豊子……。何も手に付かなくなって、配達も支払いもおっくうになって。そうなると東京で覚えた酒に走る。ベロベロになって、もう俺はダメだ、太宰治の人間失格だぞと」

少年時代から佐々井さんは、若い女を見れば誰かれ構わず好きになり、抱き着きたくなるのを止められなかったが、大人になって治まるどころか、ますます重症化した。その欲望を理性でグッと抑えれば抑えるほど、苦しくて苦して死にたくなる。

今となっては確かめる術はないが、もしかしたら祖先の怨念だけではなく、何かホルモンや遺伝的な問題があったのかもしれない。それにしても豊子さんという恋人ができてハッピーなはずなのに、なぜ苦しまねばならないのだろう?

東京で精神修行をして、あがり症は治ったが、やっぱり根本的なところはダメなままだった。そう思いつめた佐々井さんは、頭を冷やそうと京都へしばらく家出した。戻ってくると、豊子さんが「もうどこにも行かないで」とすがって泣いた。そりゃそうだ。恋人が自分のことを好きすぎて失踪するなんて話は聞いたことがない。佐々井さんは「ごめんな。もう逃げたりしないから」と結婚の約束をして、一度、仕切り直すために新見市の薬草の店を畳み実家に戻った。

もはや、少年時代に誓った「僧になる」という決意はどこかに飛んで行ってしまった。愛する人とともに温かい家庭を築きたい。早くお金をためて豊子さんを迎えに行こうと決心した。実家に戻って数日たったある日、佐々井さんは、用事があって近所の未亡人の家を訪ねた。この時、せめて未亡人が家の戸にカギをかけてくれていたら、人生は違っていたのかもしれない。

「こんにちはー」と何気なく戸を開けた佐々井さんの目に、とんでもない光景が飛び込んで来た。なんと父と未亡人がヒシッと抱き合っていたのだ。頭をガンッとハンマーで殴られたかのような衝撃だった。佐々井さんは、真っ青になって転がるように逃げた。

忘れていた色情因縁が蘇える……ああ、祖父だけでなく父までも。やっぱり俺には黒い血が流れている。中学の時に見た土井家の荒れた墓がまざまざと思い出された。もし、俺が豊子と結婚しても、父や祖父のように他に女を作って不幸にするかもしれない。豊子との間に子供ができれば、その子も悲しませるだろう。いろいろな人を不幸にしていく人生ならば、いっそ死んだほうがいいと、もう自暴自棄になって家を飛び出した。まさに太宰治が「二十世紀旗手」で書いた、「生れて、すみません。」の境地であった。

死に場所を求めて、岡山から、２日がかりで太宰治の故郷、青森へと電車で向かい、函館行きの青函連絡船に乗船した。最果ての地まで旅する元気があるなら、親元から離れて豊子さんと幸せに暮らす手もあっただろう。なのに、そうしなかったのは、当時、佐々井さんがそれだけ太宰治に心酔していたからかもしれない。

夜の真っ黒な海に荷物を放り投げ、佐々井さんがデッキから飛び降りようとしたまさにその時、船員に見つかった。引きずり下ろされ「親からもらった命だろうが！」とぼこぼこに殴られ目が覚めた。

あれほど決意したものの、殴られたことで死ぬ気も萎えてしまった。逃げるように東京まで辿り着いたが、生きる希望が湧いたわけではない。暗い気持ちを引きずったまま、仕事を探したが見つからず、すぐに困窮した。食べるために、こっそり血を売ってお金に換えたり、万引き一味に加わったこともある。まさに人間失格、もう落ちるところまで落ちていた。

卵重箱の威力で高校入学

さんざん東京で辛酸をなめて、一文無しで故郷に戻るも、父の不倫によって家族は崩壊し、最愛の人、豊子さんとも別れることになった。心にぽっかり穴があいたまま、気が付けば23歳になっていた。一度は真人間になったのに、あれからというもの「死」に取り付かれて毎日、飲んだくれる。とにかくみじめだった。

もう父と顔を合わせたくないと、鳥取県の米子の叔母さんの家に身を寄せたが、佐々井さんの苦しみようは半端なものではなかった。

「毎日、酒飲んで、大声で喚《わめ》いて、白バイにご厄介になって。酔っぱらって人の車に乗り込んで、座席にひっくり返ってヘド吐いたり、うんこしたこともあったな」

「うんこ⁉　大迷惑だなあ」

「ははは。その頃の俺の日記には、『神も仏もない。人間は醜い黒い塊だ、ピエロだ』と。誰とも会いたくないのに孤独が辛い。墓場に転がって寝たり、とにかくハチャメチャだった」

何のために生きるのか。ただ、生きているのが辛い。若い時は誰もが思い悩むこともあるだろう。当時の若者のバイブル「人間失格」に影響されたのも分かる。しかし、佐々井青年の悩み方は尋常ではなかった。あちこちで暴れて騒ぎを起こしては人様に迷惑をかける。今、思えばふつふつと湧き出る黒いエネルギーをどうにか吐き出そうとしていたのかもしれない。

夜は道路で着の身着のまま寝ころび、朝になると泥だらけのまま、救いを求めて本屋に入る。苦悩から助けてくれる本はないか。米子の叔母さんは、そんな佐々井さんを見て「本が好きならもっと勉強しなさい」と、校長先生の未亡人であるおばあさんを紹介してくれた。その家に居候《いそうろう》すれば、たくさんの本が読めるし、勉強する環境が整っているという。

このおばあさんは佐々井さんの親戚でも何でもなく、叔母さんのただの知り合いなのだが、昔はこのように血が繋がっていなくても気軽に面倒を見てくれる人がいたようだ。それなのに、「人間失格だよ、俺は。俺のことを真人間にしようと思うのは間違いだよ。俺には学問より一升とっくりが必要なんだよ。神仏なんてない。おばあちゃんもピエロにしか見えないよ！」と佐々井さんは居候先で悪態をついた。

「俺がむせび泣くたび、おばあさんは甘酒を用意してくれたりとほんとにいい人なんだ。でも、その甘酒よりも酒がほしい、とまた俺が泣くんだ。おばあさんにお金をもらっては本を買う。しかし読まない。ただ積み上げるだけだ。酒を飲んでは白バイに拾われて家に帰されてな」

私がもしおばあさんだったら、そんな面倒くさいことを言って泣く23歳の青年なんてすぐに叩き出すだろう。しかし、親切すぎるおばあさんは、悩める佐々井さんをもう一度、真人間にしようと、高校の商業科に行くように勧めてくれた。普通科よりも入試は楽だし、将来、商売をするのに役立つからだ。地頭はいいのだから、きっと立ち直れると考えたのだろう。もう中学の勉強なんて忘れてしまい、計算も苦手だとごねる佐々井さんに、おばあさんが「大丈夫！私、卵重箱を作るからね。それを実君が３つの高校の校長に渡してきなさい」と驚きの秘策を打ち明けた。

「名付けて『卵重箱大作戦』だ！」

「卵重箱？　それって何ですか？」

「桐の箱にな、卵をぎっしり詰めて持っていくんだ」

「当時の賄賂って卵なんですね……」

「いや、おそらくその卵の下にはお札が何枚か忍ばせてあったんだろう。住所を頼りに校長先生の自宅のチャイムを鳴らして、家の人が出てくるなり、『おばあさんが持っていけというから届けました』と渡すんだ。ところが恥ずかしくて名前も言わず一目散に逃げた。『おい、これなんだ？　どこの誰だー!?』と相手の声が背中に聞こえるが、振り返ることはできない」

名乗りもせず、果たして卵重箱の効果はあったのか。３つの高校を受けたものの、ろくに勉強していないので、さっぱり問題が解けない。「おばあちゃん、ダメだったよ」とうなだれるも、「お肉、買ってきたから！」と励ますおばあさん。もはや生きる観音様としか思えない。とにもかくにも、合格発表の日。高校の合格掲示板に、佐々井実の名前があったのだ。

「卵重箱、すごい！　でもどうして佐々井さんの名前が分かったのでしょう？」

「どうやら米子の親戚もおばあさんと共謀して、手紙を重箱の裏に張り付けておいたらしい。『この子は苦悩しているが、更生しようとして一生懸命、本を読んでいる。見込みはあるので合格させてやってくれ』と」

「親戚も親戚でもないおばあさんも一丸となって佐々井さんの裏口入学を助けたんですね。今だったら新聞沙汰だけど……」

しかし、本当にすごいのはここからだった。商業科に受かったものの普通科よりもレベルは低い。おばあさんは、佐々井さんの学力から商業科をすすめたが、さらに欲が出てしまった。そしてまた立派な卵重箱を用意し、入学式の前に校長先生の家に持っていかせたら、普通科に移ることができたのだ。

「パッパパッ！　となく、卵重箱の神通力を俺は見た。お祝いの肉を食べながら、これからは酒も飲まず、真人間になろうと。おばあちゃんが学生服から学帽も自転車も教科書もひと揃い買ってくれたんだ」

23歳にしてピカピカの高校1年生。桜吹雪がひらひらと舞い散る中、意気揚々と門をくぐる。しかし、卵重箱の苦労もむなしく、佐々井さんの決意は3ヶ月ももたなかった。佐々井さんは中学3年生の時はほとんど学校に行っておらず、そのブランクは大きかった。勉強が分からないだけではない、まだ子供のような15歳の若者とは話も合わず友達もできない。せっかく入学させてもらえたのに、また、酒に溺れるようになった。

流れ流されて大菩薩峠へ

季節は巡り、次の春がきた。通っていた高校の野球部が春の甲子園に出場し準優勝。街ではエースのMが準優勝旗を手に華々しく凱旋パレードをしている。熱狂する米子市民。それに引き換え、酒を煽《あお》り、道端に転がって泥だらけの佐々井実。称賛を浴びる野球部のエースを木の陰に隠れて見ていたが、天と地ほどある自分とのギャップに自然と頬に涙が伝った。

「あいつはヒーローなのに、俺は何というざまだ。勉強できない、泥だらけ、おばあちゃんのことを裏切る。ああ、おばあちゃんみたいな神様のように優しい人がいても、俺は真人間にはなれない。もうダメだ、死にます、と。あの時は本当に泣いたね。俺は人間失格だと、何のために生きているのかと。神と人間の関係や……それはもう、心の奥底からどんどんどんどん湧き上がる苦悩そのものに苦悩していたんだ」

孤独死だって多い世の中、見返りもないのに、佐々井さんを心配してくれる人々がいて、それだけでも幸せではないか。豊子さんとの恋愛同様、何をそんなに苦悩しているのか、とにかく佐々井さんは、またしても死出の旅に出る決心をしてしまったのだ。

凱旋パレードの声を背に、おばあさんが買ってくれた学生服に白いコートを羽織ったまま、今度は鳥取県西伯郡《さいはく》の標高１７１１ｍの大山《だいせん》へと向かった。前回の自殺未遂は本州の果ての津軽海峡だったが、今度は高い山のてっぺんだ。八合目まで登って山小屋で酒を飲みながら「飯を出せ！　金、持ってんだぞー！」と叫んで暴れた。みな眉をひそめる。相当、タチの悪いお客である。そしてふらふらと、飛び降りる場所を探して崖を覗いてみたりしているうちに、小さな庵を見つけた。そこには「志賀直哉が『暗夜行路』を書いた場所」と記されていた。

暗夜行路！　これは今のやるせない自分にぴったりなタイトルではないかと佐々井さんは悦に入ったが、その庵はどうにも気味が悪く、入る気がおきない。一晩、庵の前で夜を明かすことにした。新聞紙にくるまりブルブルと寒さに震えながら、自分を奮い立たせるために「肉体を水に溶かしてしまえ！」などと日記をつけた。「心頭滅却すれば火もまた涼し」なる心境だろうか。

「寒さでさっぱり眠れずに朝を待っているうち、だんだん自殺する気が失せてしまった。まだその小説を読んだことはなかったが、なるほど、俺の人生は真っ暗だ、人生の暗夜行路に出発するぞと、妙に力が湧いてきたんだ」

もしかしたら凍死するかもしれない。そんな状況で、むしろ、生きようとする自分の気持ちに気が付いたのか、それとも死にきれずボロボロになっても生きていく人間失格の「私」に自分を重ね合わせたのか、佐々井さんは朝を待ち、山頂には行かず下山した。おばあさんに別れも告げず、東へ向かおうと山陰本線に乗る。何もない自分を救ってくれるのはどこの誰なのか。少年時代、先祖の墓の前で「いつか僧になる」と誓ったことが思い出された。そうだ、仏教だ。仏さまはどんな悪党でも見捨てないはずだ。世の中を捨て、今こそ、坊主になりたい。

お寺に何のつてもない佐々井さんだったが、有名な天台宗総本山の比叡山なら知っている。なにしろ、日蓮、法然、親鸞が学んだ場所だ。受け入れてくれるだろうと期待して汽車を降りた。人間の欲や俗世間から隔絶された場所で修行し、立派な僧になれれば、いつか先祖の霊をなぐさめ、困っている人の救いになれるかもしれぬ。

京都からバスに乗り、ケーブルカーで比叡山へと向かう。雪があちこちに残り、大木の雄々しい姿に秘境の匂いがした。こんな神聖な場所で学べたら、俺も真人間になれるだろう。ところが、懸命に修行していると思っていた僧たちは、観光客相手に切符やお札を売り、案内係をしている。寺というよりも、これではただの観光地である。予想を裏切るその俗っぽい姿に佐々井さんは落胆した。比叡山の奥に行ってみれば、坊主が歌謡曲を聴いている。それでも、思い切って僧になりたいと伝えてみたが、「高校中退では……。お札を売っている私たちでさえ、大学を出ていない奴は一人もいない。だからお前は難しい」と一蹴された。

「ええ？　知りませんでした。お坊さんにも学歴が必要なんですね。せめてそのお坊さんも、思いつめた顔をした佐々井さんに『どうして僧になりたいのか、何か悩みがあるのか』と優しく聞いてくれてもいいのに……」

「ああ、もう非常にがっかりしてな、比叡山は日本仏教の母なる山だ。そこで大学を出ていないとダメなんて。それでいて、やつらは音楽を聴いてはしゃいでおる。その後、他の宗派の総本山も訪ねたが、同じようにあしらわれた。自殺を思いとどまり、一切を捨てて僧になろうとしたのに、その寺にすら救いがないとは、もう俺はどこに行けばいいのだと。涙が止まらなくなって。絶望中の絶望だ。分かるか？　全てが夢破れて、今度こそ本当に死のうと」

悔し涙がとめどなく流れてくる。またもや佐々井さんは死地を探しさまようことになった。津軽海峡や大山では自殺に失敗したが、３度目の正直、今度こそ。佐々井さんが選んだのは、小説の題名にもなっている大菩薩峠であった。

第5章　三度の自殺未遂

せっかく入学させてもらえた高校にもろくに通わず、酒を飲んでは泥酔し、死出の旅に出た佐々井さん。一度は思い直して僧として生きようと比叡山を訪ねるも門前払いされ、またもや人生の暗夜行路に逆戻りとなった。

優しい人たちの救いの手も絶ち、三度目の正直と死に場所を求めて、山陰本線で東京行きの電車に乗った佐々井さんが向かったのは山梨県にある標高１８９７ｍの大菩薩峠。話を聞いていると、どうも死に場所はどこでもいいというわけではないらしい。

「なんでわざわざ関東の大菩薩峠を選ぶのかって？　お前は中里介山《なかざとかいざん》の小説『大菩薩峠』を読んだことがないのか？　次々と人を斬っていく剣の名手、机龍之介が主人公だ。ニヒルで残忍、妻を斬り、ライバルを斬り、敵も味方も斬って斬って斬りまくる。ある日、目が見えなくなるが、むしろ剣の力は冴える」

「机龍之介、だいぶ悪いやつですね」

「その悪いところが、ちょっと、かっこいいんだ。『死ぬなら勝手に死ね』という龍之介のセリフが頭に残っていて、それなら大菩薩峠で勝手に俺も死のうと」

それで、今度は大菩薩峠なのか。人間失格に暗夜行路に大菩薩峠と、佐々井さんは夢も希望もない小説に振り回されたのか、すっかり人生のダークサイドに落ちていた。暗くても、最後には救いのある話を読めばよかったのに。

「ばかもん！　自殺しようとしている奴が明るい話なんて読んでいられるか。とにかくだ、上野に着いて中央線に乗り換えて青梅に出てな。大菩薩峠は一度、東京にいた頃、登ったことがあるから道が分かっていたんだ」

米子のおばちゃんの家を出てから、大山、比叡山、大菩薩峠とかれこれ20日くらいたっている。桜はすでに散り、新緑の美しい季節に変わりつつあった。登山客で賑う青梅からバスに乗って、大菩薩峠への登山口を目指す。着の身着のまま飛び出してきたため、学生服はすでにボロボロだ。バスを降りたら近くに牛小屋があって、床には藁が敷いてある。すでに日は傾いており、朝まで厄介になろうとそこに隠れてひと眠りする。牛が時々、モーモー鳴くがおかまいなし。早朝、旅立つ時は「牛さん、ありがとう」と律儀に頭を下げて登山口へと向かう。

「ところが、登り始めてすぐ、足に血マメができてな、痛いのなんの」

「血マメ？　登山靴ではなかったのですか？」

「米子を学生服のまま飛び出したんだから、靴はそのへんのゴム靴だ」

「えー？　大菩薩峠への道はかなり急ですよ。そんな軽装では死んでしまいます」

「いいんだよ、死にに行くんだから！」

これから自殺することがすれ違う人にばれないよう、下山する登山客とすれ違う時は「おっす！」と元気よく挨拶をして、峠を目指した。靴にはどんどん血がたまっていく。しかし、ようやく峠に辿り着くも、その日に限って霧で一寸先も見えない。

峠の小屋に立ち寄ると記念の木刀が売られていた。足は痛くてもう限界だったので、杖替わりに一本、買った。ヨロヨロと木刀をつきながら、飛び降りる場所を探して峠周辺の崖を覗いてみるが、霧が濃すぎて底が見えない。もし、中途半端な高さなら、きちんと死ねないだろう。途方に暮れるが、日も暮れていく。佐々井さんは、心を奮い立たせて自分に言い聞かせた。

「迷っている場合ではない。俺は自分で頭をかち割って死なねばならない。この世は神も仏もない。俺は孤独だ、人間は偽善者だらけだ。もういい、俺は今、この世から消える……！　そう叫んでな、中途半端な崖かどうか分からんが、底の見えない暗い崖から飛び降りようとした、まさにその時！」


「待て！」と止める声がする。

「誰だ？」。振り返るが誰もいない。

「お前は今、死んだんだ！」

「俺が今、死んだ？」

「そうだ。そして生まれ変わった。今のお前は生まれ変わったお前だ！　もう過去はない。大菩薩峠がお前の生まれた場所だ。だから過去はもう振り返るな。将来に向かって進め！」

「いったい俺はどこへ向かえば？」

「ハッハッハ！　お前に足があるだろう」


それで声は途絶えた。不思議なことが起きるものだ。

「もしかして、佐々井さん、死にたいと言い続けるうち頭がおかしくなって、幻聴まで聞こえるようになったのでは？」

「いいや、はっきり聞こえた。近くに妙見菩薩の社があったから、声の主は妙見様だろう」

「これまでに何度も自殺を試みて失敗するも、執念深く死に場所を探す佐々井さんが、妙見様の声とはいえ、あっさり諦められるのですか？」

「その時、そうか、死ぬ気になれば何でもできる！　とひらめいたんだ」

佐々井さんは今までの憑き物が落ちたようだった。しかし、標高２０００ｍ近い大菩薩峠の夜は氷点下となる。歯をガチガチと鳴らしながら突風に耐え、長い夜が明けるといつの間にか霧が消え、雲の上から美しい赤い太陽が顔を出した。長かった俺の暗夜行路が終わり、ここからは人生の夜明けだ、生まれ変わってこれから本当の新しい人生が始まるのだ。力強いご来光の光を浴びて、佐々井さんの心の霧もスーッと消えていき、生きる気力が満ちていった。

井上和尚に助けられる

お腹はすき、喉は乾き、ふらふらであったが、気力を振り絞って大菩薩峠から山道を下り、勝沼方面への林道を歩いていると、寺らしき大きな屋根が見えた。しかし、体はすでに極限状態を迎えていた。

「その屋根が見えたところでぶっ倒れてな、村の人が発見してくれたんだが、意識がないから、頬を叩かれ、水をかけられる。もう午後だったな。目が覚めたら、『気が付いたー！』と。何人もの人が俺を覗き込んでいるんだ。それで、『和尚さーん！　青年が倒れてる！』と、50段くらい階段を下りたところにある宿坊まで俺を運んでくれて」

佐々井さんが運ばれたのは、真言宗の名刹、大善寺で、和尚さんの名前は井上秀祐さんと言った。しばらく横にならせてもらっていると、温かいお粥を運んで来てくれた。和尚さんは背は低いが眼光鋭く、ひと目で只者ではないことは分かった。佐々井さんは、興奮した。お寺に運ばれたのは偶然ではない、これは仏のおみちびきかもしれない。じっと佐々井さんの顔を覗き込んだ和尚さんは一言、「実君は宗教というものをやるか？　やりたいなら、ここに置いてあげるよ」という。佐々井さんは飛び上がらんばかりに驚いた。

「なぜ和尚さんは会ってすぐに俺の心が分かるんですか？」

「実君はお坊さんになりたくて、ここに来たんだろう？」

「そうです。お坊さんになりたかったけれど、比叡山では断られ……俺は大菩薩峠で死にきれず、山道を歩いてここまできました。和尚さん、神通力でもあるんですか？」

「神通力？　はっはっは！　俺を試してみるか？」

「和尚さんを俺が試す⁉」と、驚く佐々井さんに、和尚さんはゴロンと横になり、「お坊さんというものは、丹田を鍛えなくてはならない！　俺の腹の上に立ってみよ！」と言った。神通力は強い丹田から生まれるのだろうか。いきなり、行き倒れの佐々井さんに俺の腹の上に立てだなんて、井上さんは、ちょっと変わった和尚さんかもしれない。

「いや、俺もびっくりした。疲労でふらふらだったから、和尚さんの子供たち、ひで坊にさと坊、チヨちゃんに手を取ってもらいながら、『和尚さん、失礼します』と腹の上に足を乗せ立ってみたんだ。『踏め！』というから踏んでみたけど、恐ろしく腹が硬くてびくともしない」

居合道三段と聞いたが、どれだけ鍛えているのだろう。今度は、さと坊が米俵一俵をどこからか引きずってきて、父の腹に乗せていく。「もう一俵！」と二俵を腹に乗せ微笑む和尚さん。佐々井さんはぐうの音《ね》も出なかった。

後から知ったのだが、和尚さんのおじいさんは幕末期の長州藩維新志士で、討幕運動で新撰組の人を倒すなどして活躍したという。しかし、同じ日本人同士、殺しあったことに慚愧の涙を流し、武士の身分を捨て、霊を弔うために大善寺の僧侶となった。和尚さんは立派な武士と僧の血を引いているのだ。

「俺の色情因縁の黒い血とは雲泥の差だが、いいところで俺は倒れたなあ、と。気合いもすごい。比叡山の道案内していた坊主と違って心身ともに本物の僧だ。こんな時代にすごい和尚がいたもんだ。何でもやるから、ぜひ、ここに置いてほしいと俺は必死に頼み込んだ」

捨てる神あれば、拾う神あり。佐々井さんは、嬉しくて嬉しくて仕方がなかった。米子では死んだも同然のダメ人間だったのが、嘘のように急に活力が漲《みなぎ》ってきた。大菩薩峠で「生き返った」と妙見様は言ったが、まさにお告げの通りの展開となった。

さて、その米子のおばあちゃんはどれだけ心配しているだろう。和尚さんは、警察に「家出青年を預かっているが、身元引受人になる」と申し出てくれた。佐々井さん発見の連絡を受けて、おばあちゃんは「よかった、よかった、生きていて良かった！　ずっと心配して夜も眠れなかったんだよ」と、受話器の向こうで涙を流して喜んだ。

その数日後、おばあちゃんから「実君、こっちに帰りなさい。お坊さんなんて相当、修行をしないとなれないし、お前が買ってまだ読んでない本がたくさんうちにあるんだよ。豊子さんとも結婚したらいいじゃないの」と手紙が届いた。佐々井さんには、普通の幸せをつかんでほしかったのだろう。

どこまでも優しいおばあちゃん。しかし、妙見様のお導きで、素晴らしい和尚様に出会ってしまったのだ。佐々井さんは、「観音様のような、おばあちゃんのことは一生、忘れない」と感謝の言葉を並べつつ、「俺は仏様の御慈悲にすがらなければ生きていけないんだ」と今までの人間失格人生を原稿用紙30枚にしたためて送り、帰省することを諦めてもらった。

佐々井さん、真人間になる

山梨県甲州市勝沼町にある真言宗の大善寺は、７１８年に創建された由緒ある寺だった。僧の行基が修行していた時、夢の中で葡萄を手にした薬師如来が現れ、喜んだ行基が薬師如来像を安置したのが始まりと伝えられている。檀家を持たない寺でそこからの収入はなく、葡萄や畑を自分たちで管理して生計を立てていた。

まかせて下さい、百姓仕事ならお手のものだと、佐々井さんは葡萄のツルを摘んだり、畑の草取りをしたりと一日中、水を得た魚のように働き続けた。そして時間を見つけてはお経や作法も学び、夜は寝ないで座禅を組んだ。ダメ人間街道まっしぐらだった佐々井さんが、和尚さんとの出会いで真人間街道を歩み始めたのである。

「それにしても、和尚さんは知れば知るほどすごい人だった。特にその気合いがな。『私の気合いを見ろ！　うおおおおーーーー！』と、腹から声を出したとたん、梵珠《ぼんじゅ》がボーン！」

「え？　触ってもいないのに、ですか？」

「おう、気合いで梵珠が鳴るんだ。『よし、実君もやってみろ』と言われて真似をしてみたが、うんともすんとも言わない」

　またある日、佐々井さんが滝行に向かうと、心配した和尚さんがついてきた。滝の下に入ると体ごと流されてしまうのではないかと思うほど、すさまじい水圧がかかり、体は右へ左へとゆれる。ところが、和尚さんは不動明王の真言を唱えながら滝のど真ん中にスッと微動だにせず立ち、どんなに水がかかろうとびくともしない。

　和尚さんのように早く心も体も動じないようになりたい。佐々井さんは少しでも追いつこうと必死だった。酒も女も断ち、1年が過ぎたある日、和尚さんに「あらためて話がある」と呼び出された。

「実君は夜も寝ずに働き、学び、良くやっている。助けた村人たちも驚いている。しかし、この寺には檀家がおらず、うちには子供が5人もいるから生活も苦しい。私には君を坊さんにするだけの力がないんだ。こんな小さな寺よりも、もっとふさわしい寺で修行をしなさい」

　ようやく真人間になれたのだ。ここで見捨てられたらたまらない。佐々井さんは、まだまだ和尚さんの元で学びたいと懇願したが、「関東三大本山である古刹、高尾山薬王院で得度式があるから、そこで得度しなさい」と言ってくれた。得度！　ついに本当の坊さんになれるのだ。和尚さんと別れるのはつらかったが、晴れて一人前になれる喜びと、「どうにか一人前にしてやりたい」という和尚さんの心遣いに佐々井さんはしみじみと感謝した。

後日談だが、大善寺の子供たち、長男のさと坊は寺を継ぎ、次男のひで坊は他の寺の住職となり、チヨちゃんをはじめ3人の娘はお嫁にいった。佐々井さんが半世紀ぶりに帰国した時は、「あの行き倒れの実君が来る！」と大善寺に兄弟が集合し、笑顔で出迎えてくれたという。

高尾山で得度する

今ではミシュランにも掲載され、たくさんの観光客やハイキング客が集まる高尾山。昔から信仰の山として崇められ、その山頂近くに今回の得度式が行われる高尾山薬王院が建っている。長い間、悩み苦しんだ佐々井さんが、ようやく僧になれる晴れがましい日だ。山で大合唱するセミたちも佐々井さんの門出を祝福してくれているようだ。

得度式に出席するのは佐々井さんだけではない。そのほか、大勢の青年が……と思いきや、ワイワイとやってきたのは、どこかの寺の跡継ぎとして連れて来られた小学生くらいの幼い子供たちであった。その中にまじって記念写真に収まる25歳の佐々井さんは引率の先生のよう。それでも、真夏の蒸し暑い日に、わざわざ大善寺の和尚さんが親代わりでついて来てくださったのは心強かった。「秀嶺」という法名を薬王院の貫主である山本秀順さんから賜ると、身が引き締まる思いがした。

今日から佐々井さんの師匠となる山本貫主は、戦争が始まった時、国に従った寺が多いなか、罪なき弱い人が苦しむ戦争に真っ向から反対し、地獄のような留置所に長い間、入れられていた信念の人である。出獄した後も世の中のために尽くしてきた。「温厚だが、大変、芯のある人だよ。しっかり言うことを聞いて立派なお坊さんになりなさい」と大善寺の和尚さんは言い残して去っていった。

いよいよ、他の僧たちとともに本格的な修行が始まる。佐々井さんは張り切ったが、大きな寺だけのことはあり、下っ端坊主は、宿坊に泊る参拝者の世話だけでてんてこ舞い。配膳や部屋の掃除、風呂焚きに案内。これも大事な仕事だとは分かっているが、これでは僧というより、旅館にでも勤めているようだ。大善寺の厳しい労働や修行の毎日を思うと全然、物足りない。「弓だって使わなければさびる。修行していなければ、坊主もくさってしまう」と、仕事が終わった後、佐々井さんは皆が寝ている間に、ひとり山で修行をすることにした。

さっそく、滝に打たれ「やあ!」「おおおう!」と大声をあげて気合いを入れたり、岩の上で座禅を組んだり。ところが「お前の声がうるさくて夜、眠れない」と大先輩である老僧たちから苦情が舞い込むようになった。

「若い坊主たちは、俺のように修行はせず、仕事が終われば疲れてバタンキューと寝てしまうのだが、普段、年寄り坊主たちに押さえつけられているのが面白くない。だから、老僧が『(佐々井さんの修行の声で)眠れない』と苦情を言い出すと、ざまあみろ！　と思うのか、『秀嶺がうるさい？　修行だからいいではありませんか』と俺をかばってくれるんだ。ハッハッハッ！」

「私だったら眠れなくてイライラするお年寄りのお坊さんの気持ちもわかるけどなあ」

薬王院の若い僧と年寄りの僧が、佐々井さんの騒音問題で二手に分かれて火花を散らす。困った佐々井さんは、弘法大師が籠ったという伝説のある洞穴で修行することにした。そこなら、外に音は漏れない。

ところがその洞穴には、水がたまっていて、たくさんのヒルが住んでいた。それでも佐々井さんはかまわず、「やーあ！」「とーう！」と声を上げて水に浸かって足を組んだ。ある時、よく一緒に焚き木拾いをする寺の管理人が、洞窟から声がするので、おそるおそる覗いてみると、ヒルに血を吸われながら、目をむいて絶叫している佐々井さんを発見した。

「まるでホラー映画のようです。佐々井さんの辞書に『ほどほど』はないんですね……管理人さんは、さぞや恐ろしかったでしょう」

「そうだな。おまえ、『袈裟御前《けさごぜん》』の話を知っているか。恋敵と間違えて好きな女を殺してしまった武士の話だ。その武士は自分のしでかしたことを懺悔《ざんげ》して、俺と同じように壮絶な修行をして僧になる。同じように俺もな、体中、血だらけになろうとヒルに刺されようと、その武士のようにつらい修行をやめるわけにはいかなかったのだ」

佐々井さんの過激すぎる修行はすぐに山本貫主の耳に入り、部屋に呼びつけられた。そして全身、腫れあがった佐々井さんの体を見て、「お前はいったい何をやっているんだ」と涙を流す。

自分が苦労した分、人にはとても優しいのだ。佐々井さんの苦悩も、真剣さも気真面目さもすべて見通していた。しかし、さすがに驚いたのだろう。反抗的な佐々井さんも師匠に対してだけは従順だったので、悲しませてしまったことに心を痛めた。

「お師匠さま、ごめんなさい。俺が懸命に修行をするのは、そうでもしないと煩悩が次から次へと浮かんでしまい、悶えて悶えて、ついには自殺してしまいたくなるのです。もっと勉強して、いいお坊さんになりたいのです」

涙を流して訴える佐々井さんに、師匠は「そんなに勉強したいなら、学費も生活費もお金は出してあげるから大正大学へ行きなさい。学長は友人だ。そこなら様々な宗派について学べるだろう」と手を差し伸べてくれたのだ。

当時、「大学へ行け」と言ってもらえた修行僧は佐々井さんだけである。かねてから、山本貫主は佐々井さんには甘く、他の僧たちが、「えこひいきだ」と面白くない顔をしているのを知っていた。けれども、山本貫主は、いずれ親の寺を継ぐ安穏とした職業坊主よりも、本当のお坊さんを目指す佐々井さんを全力で応援したかったのだろう。あまりにもありがたい言葉に、佐々井さんは感動した。思いもよらなかった大学進学。山の中の修行もいいが、世間でも修行はできる。今こそあらゆる知識を学びたい。

「お師匠さま、お金はいりません。苦学して、心と体を鍛えるために、学校へ行かせていただきます」と、佐々井さんは頭を下げて、ひとり寺を出ていくことにした。

大学の聴講生になる

大学に入学する前に、お世話になった人に久しぶりに挨拶をしたいと、旅に出させてもらった。すでに手紙で別れは告げていたが、会って自分の言葉で伝えたいと、高校卒業後、神戸の美容院に勤めていた愛しい豊子さんに会いに行った。

「やっぱりあなたを愛している。どうして一緒になれないの？」と豊子さんに泣いて引き留められたが、涙ながらに別れを告げた。結婚しているお坊さんもいる。しかし、佐々井さんの考える「出家」とは文字通り、家を捨てることだった。

「あのすごい大善寺の井上和尚でさえ、守るべき家族がいれば、民衆のために思い切った行動はできないこともある。僧であるなら、俺はすべての母が自分の母となり、子供はすべて自分の子だと思って、目の前の人を助けていく人生を送りたい。だから結婚して君を幸せにすることはできない」

その言葉に泣き崩れる豊子さん。命がけで愛した女《ひと》だ。想いに応えることができない佐々井さんも滂沱《ぼうだ》の涙を流す。断腸の想いでその場を去り、想いを絶つかのように旅を続け、鹿児島などの寺をまわっているうちに、東京へ戻ったときには27歳になっていた。

それにしても、佐々井さんの人生は、助けてくれる人が次々と現れる。山本貫主の口利きで高校は卒業したことにしてもらい、専門課程の大学3年生から聴講生として編入することになった。大学近くの毎日新聞の販売店で奨学生として寮に住み込みで働くことも決まり、いよいよ本格的な学生生活が始まった。

私はそこまで聞いてちょっと心配になった。大善寺や高尾山は、参拝客は来ても女性とは無縁の世界だ。酒の誘惑もない。しかし、久しぶりの大都会で大学は男女共学。それに若い時の佐々井さんは写真を見ると目が大きく鼻筋が通りかなりのイケメンだ。また女が寄ってくるに違いない。それに高校生の時、若い学生たちとは話が合わないと、登校拒否になったこともある。いくら大学とはいえ、世間知らずの20歳の若者たちとうまくやっていけるのだろうか。

しかし、一度、挫折をして痛みから学んだものは大きい。佐々井さんは、今度こそ生まれ変わった気持ちで働き学んだ。販売店のおやじはアル中で、息子もちっとも勉強せず遊んでばかり。一方の佐々井さんは、朝4時から誰よりも真面目に配達の仕事をしているうち、夫の代わりに店を仕切っていた奥さんに信用されて番頭のようなことも任されるようになった。

「俺は配達ではなく配達員の管理をするようになったが、他の配達員たちが毎晩、酒盛りをするのでうるさいと販売店に文句を言うと、人手不足なのに辞められたら困ると、お金を出して静かなアパートを借りてくれたんだ」

私は思わず笑ってしまった。佐々井さんの絶叫のせいで寝不足に陥った高尾山の老僧が聞いたら「お前が言うな！」と怒るだろう。一方、大学でも頼れる親分として、佐々井さんは着々と地位を築いていた。仏教系の大正大学では、由緒正しいお寺の跡継ぎのボンボン学生が多勢いたのだが、そのなかの不良学生７、８人からアニキと慕われるようになったのだ。

「そいつらは俺たちを子分にしてくれ、と。下駄をガラゴロ鳴らし、騒々しく女の子にちょっかいを出すし、遊びまわって全然、勉強しない。俺は親分として、『お前ら、ちゃんと勉強せい！』というと、とりあえず学校には来るようになった」

　高校時代、酒瓶を手に道路に転がって暴れていた人の言葉とは思えないが、佐々井さんが善い人間になっていく。大学での研究テーマは、ただお経を唱えて平和を願うだけの仏教ではなく、世の中に溶け込み民衆のために力を尽くす「実践仏教」に決め、編集委員を募り、ミニコミ誌も発行することにした。さらに子分たちと学生僧グループ「衣派《ころも》」を結成して、「お前ら、世の中の役に立つことを考えろ！　僧になるんだろ」とハッパをかけた。

「ベトナム戦争の孤児のために、不良坊主どもを引き連れて、渋谷の駅前で袈裟を着て、募金活動をしたこともある。だけど、集めたお金を渡しに東京の新聞社をまわるが、朝日新聞、読売新聞、毎日新聞、日経新聞……どこに行っても『うちはそういうのはやってない』と受け取ってくれない。集めた金の使い道に困ってな、それで皆で大酒を飲んでしまったこともあったな」

「えー⁉　人々の善意を？　とんでもない坊主たちですね」

「はっはっは。しょうがないではないか。どこも受け取ってくれないんだもの！　最終的には日本赤十字が受け取ってくれることになり、残りはちゃんと寄付したがな」

佐々井さんの活躍は学内にとどまらない。本格的に習いたかった浪曲の学校にも通い始めたのはこの頃だ。昔から「清水次郎長」「国定忠治」を諳んじるのが大好きだったのだ。

新人浪曲大会に出場するうち、佐々井さんの声は評判となり、ある時、プロの浪曲師から目をかけられ、デビューすることになった。驚いたのは、不良の子分たちである。「親分がデビュー!?」と大喜びで、「金剛仏子会」という後援会を作り、皆でお金を集めて豪華な刺繍の入った立派なテーブルかけを贈ってくれた。

「ただの浪曲では面白くないからオリジナルの仏教浪曲をやってみようと。日蓮上人や弘法大師、親鸞上人など宗派はいろいろ、人物伝を浪曲で上演してみたい。このアイデアを子分に話すと、『それなら俺たちの実家の寺を回ろう』と。芸名は大菩薩連嶺にしてな。子分たちが横断幕付きのトラックを用意してくれて、そこに幟《のぼり》を立てて地方巡業だ!」

あちこちの寺や公民館などで仏教浪曲と任侠物を同時に上演すると大人気になった。悟りを開く慈悲深い高僧の人生、そして義理と人情のヤクザの物語を一緒に演じるという斬新さは、どちらもその心を併せ持つ佐々井さんだから演じられたのではないか。

お客さんたちの泣き、笑う顔を見ていたら、今度は易学に興味が出てきた。人の顔や感情は奥が深い。いつか役に立つ日もくるだろうと、人気の易者を調べ訪ねると、意気投合して弟子にしてくれるという。免状をもらうや否や、易者の先生に、すぐ街頭に立ってたくさん占ってこいと背中を押された。実践仏教ならぬ実践易学である。

夜を待ち、有楽町のガード下に小さな机を出す。銀座のクラブ勤めの色っぽいお姉さんたちが仕事を終えると、佐々井さんの姿を見つけては、「お兄さーん、占って」と寄ってくる。よく当たると評判となり毎晩、行列ができた。週刊誌のカメラマンが「人気の学生易者が現れる！」と撮っていったこともあったという。

香川京子似の美人登場

１９６０年代前半の東京は輝いていた。世界初の１０００万人都市となり、オリンピック景気に沸き、首都高速が開通するなど、経済も人々の暮らしも上り調子の時代。佐々井さんも販売店では番頭、大学では親分、社会ではプロの浪曲師であり人気占い師として、充実した毎日を謳歌《おうか》していた。生き方は不器用に見えるが、元来、頭が良く器用な人なのだ。

高校の時と違って勉強が楽しくて仕方がない。このまま、民衆のなかで様々なことを吸収し、10年間は学びたいと張り切り、いつも授業では一番前の席を陣取った。

ところが、もうひとり、一番前の席に座って、一生懸命にノートを取っている女学生がいた。大好きな女優の香川京子に似ており、名は里子さんという。しかし、思い切って話しかけてもそっけない。つれなくされると、かえって気になる。

そんなある日、授業が終わって教室を出てきた佐々井さんと里子さんに、子分たちが後ろからドカン！　とぶつかってきた。勉強が嫌いな子分たちにとっては、いくら親分でも佐々井さんと里子さんが一番前の席で熱心に勉強している姿が内心、面白くなかったのだろう。

小学生のいたずらさながら、「やーい！」と去っていく不良たちに呆れつつ、「あいつら！　本当にすみません」と散らばった彼女のノートを拾い集める佐々井さん。すると里子さんが、「あ、あの……佐々井さんが編集長をしている『実践仏教』、読んでいます。よかったら、私も編集委員に加えてください」と申し出るではないか。

佐々井さんは天にも昇る気持ちだった。嫌われていると思っていたのに、実は俺のやっていることに関心を持ってくれていたなんて！　しかし、我に返って講堂でひとり、親鸞の「歎異抄」を読んで、「女に惚れてはいかんのだ。全ての宗派を勉強し、あの比叡山で俺を冷たくあしらった坊主や偉そうな学者が来ても論破して見返してやるんだ」と必死の思いで心を静めた。

そんなある日、高尾山の師匠から呼び出された。てっきり学業以外に手を出しすぎて怒られるのかと冷や汗をかきながら、馳せ参じてみれば高尾山初のタイ留学に佐々井さんを抜擢したという思いもかけない話だった。

第6章　色情因縁の嵐

高校も大学もコネ入学の佐々井さんが、今度は当時、非常に狭き門であった留学話を持ち掛けられるのだから人生は分からない。しかし、高尾山の師匠は真剣だ。佐々井さんは恐れ入って、「とんでもない。お師匠さまには他に立派な弟子がたくさんいらっしゃるではないですか」と辞退した。それに大学生活は充実そのもの、途中でやめてしまったら悔いも残る。ところがお師匠さんは諦めない。

「確かに弟子はたくさんおる。しかし、最近の坊主はお父さん、お爺さんからの2世、3世ばかりが8割で、いやいや寺を継ぐものばかりだ。今は求道心《ぐどう》を求める坊主がいないんだ。だから、民衆の信頼を失っておる。だが、お前は違う。民衆のなかに入り、悩み、苦しみ、寝ずに頑張っている。坊主こそ広い世界を見ることが大切だ。ところが、そんな坊主は日本では理解されない。私はお前のことを、ずっと気の毒だと思っていた。だから、新天地のタイでもっといろいろなことを吸収させてやりたい。生活費も渡航費も心配いらない。行くのは、お前しかおらんのだ」

じっと聞いていた佐々井さんは、ここまで師匠が自分に目をかけてくれるのかと涙が出そうになった。つい数年前まで、廃人同様、酒に溺れ、女に溺れ、まるでピエロのように生ける屍《しかばね》と化していたのだ。それが今、多くの人に助けられ、仏の道を邁進《まいしん》している。その恩に報いるために自分はもっと大きくならねばならない。師匠の言う通り、日本を飛び出しもっと広い世界に触れることも必要かもしれない。向上心がメラメラと燃え上がる。これは使命だ、お師匠さまの命ならば、行かないでなんとする。

その時、ふと里子さんの美しい顔が浮かんだ。いいや、ダメだと佐々井さんは首を振る。女のひとり、ふたりで、この使命は断ち切れるものではない。

「佐々井さん、豊子さんとは熱愛の末、お別れしましたが、里子さんとは？」

「里子さんとは向学の同志、プラトニック・ラブだ。手も握っておらん！」

「でも相思相愛だったのですよね？」

「ああ。彼女の考えや優しさに教わることも多かった。豊子、米子のおばちゃん、そして里子さん……結局、誰の想いにも応えられなかった。俺は女を踏み台にして生きてきた男なんだ」

里子さんとは結ばれぬ運命なのだ。佐々井さんは、いつも読んでいた「歎異抄」をポケットに入れた。戦争に反対し、投獄されたお師匠さんが、獄中で心の糧として読んでいた大切な本だ。横浜の彼女の家を探して歩き回り、ようやく見つけたが彼女は不在だった。縁側に「歎異抄」を置いて会わずに別れた。新天地タイに向けて出発当日、師匠の山本貫主をはじめ、大勢の人が見送りに羽田空港に来てくれたが、その中に彼女の姿はなかった。

後日、里子さんからタイに手紙がきた。住所は誰かに聞いたのだろう。「水は流れていくもの。いかに聖水でも、ひとところに止まっていると汚水になる。水は流れているのがいい。私とあなたの関係は、流れているのがいい。歎異抄は大切にします」と結ばれていた。

タイの肉食女子「グラマー」に迫られる

「東洋のベネチア」と呼ばれる巨大首都バンコクでは、大小様々な川がまるで人の一生のように悠々と流れている。ゆったりと流れる時間、穏やかな人々。生まれて初めての海外は、何を見ても何を聞いても新鮮だった。そう思うと日本での切ない別れも、もはや遠い日のことに思えてくる。

佐々井さんが、交換留学僧として派遣されたのは、バンコクのワット・パクナームというアユタヤ王朝時代中期に建築されたと伝えられる大きなお寺であった。その寺には１９６５年当時、５００人の坊主、２００人の尼さんが宿坊で暮らしていた。タイでの暮らしはさぞ過酷なものだろうと覚悟して来たが、日本とは違ってタイの人々は信心深く、お坊さんを大変、大事にしていた。

朝、お坊さんが托鉢に家を回ると、食べきれないほどのご飯やおかず、お菓子や歯ブラシまで供養として捧げられる。タイの仏教は日本よりも戒律も厳しく結婚も許されていないが、生活の心配をすることなく生きていくことができるのだ。掃除も身の回りの世話も、世話係や信者が全てやってくれる。お坊さんは毎日、お経を唱え、瞑想《めいそう》することに集中していればいい。

そんな極楽のようなタイの暮らしに、意気込んで海を渡った佐々井さんは物足りず不満がつのる。日本の寺……大善寺では朝から晩まで百姓仕事に過酷な修行をしていたし、生ぬるいと文句を言っていた高尾山でさえ参拝客の世話や薪割りと一日中、コマネズミのように働いていた。学生になってからも、学校に仕事にと寝る暇がなかったくらいだ。

寺から与えられた宿坊の個室は新築できれいだったが、タイの坊主が毎晩、爆音で音楽をかけるので、うるさくて本を読んでいても集中できない。佐々井さんのような日本の留学僧も何人かいたが気が合わず、佐々井さんは終始、孤独だった。

酒は禁じられていたが、コカ・コーラは許されておりいくらでも手に入った。暑い日に甘くて冷たい炭酸はむしょうにうまい。佐々井さんは憂さを晴らそうと、昼間から何十本もコカ・コーラを飲み、次第に怠惰な生活を送るようになった。暇になると余計なことを考えるからいけない。

タイに来て、ひと月ほど過ぎた頃だろうか、ある魅惑的なグラマー女性が佐々井さんの前に現れた。食事の寄進をしてくれる一般の女性は他にもたくさんいて、いつも決まった人が来るというわけではないが、そのグラマー女性は、佐々井さんだけに毎日、食事を運んでくる。私がその女性の名前を佐々井さんに聞くと、「グラマーとしておけ」というので、「グラマー」とここでは書くことにする。

さて、そのグラマー、なぜか日本語を流ちょうに話す。30代で独身、専売公社に勤めるキャリアウーマンだ。そのうち、佐々井さんはグラマーを自分の部屋に招き、ふたりだけでしょっちゅう話をするようになった。すると、面白くないのが、他の日本人留学僧だ。彼らは「佐々井は勉強もせず、女にうつつを抜かしている」と、寺の偉いお坊さんやバンコクの日本人会に言いつけた。佐々井さんは、ますますふてくされ孤独になった。そんなある日のこと、グラマーが車で迎えにやって来た。

「車で二人っきり？　佐々井さん、どこに行ったんですか？」

「それが、寺から車で1時間半くらいの郊外で、ジャングルのなかに俺を連れて行くんだ。そこにグラマーが建てた家があってな。木の上にある不思議な小屋で、梯子で登るんだが、訪れるのはサルくらい。なぜかその部屋の壁には映画女優のヌードポスターが貼ってある」

「ツリーハウスですね。わざわざ佐々井さんを誘うために建てたのでしょうか？」

「それは分からん。ともかく、その部屋を自由に使っていいと、鍵を渡すんだ。静かなので、本を読むにはちょうどよかったんだが……」

危うし、佐々井さん。日本人僧を狙うタイの肉食女子の登場か。「ここでゆっくりしてください」とお茶を注ぎ足すグラマー。佐々井さんは「そろそろ寺に帰らないと」と帰りを急ごうとすると、彼女は「まだいいではないですか」と押し問答になった。なんとかその日は帰してもらったものの、翌日も、仕事が終わるとグラマーは迎えにやってくる。

佐々井さんは、グラマーになぜ日本語を流ちょうに話すのか聞いてみた。すると、第二次世界大戦の時、駐屯していた日本兵に教わったのだという。まだグラマーが14、5歳の頃だ。その日本兵はハンサムで優しく、ふたりが恋仲になるのに時間はかからなかった。

しかし、戦争が終わると、日本兵は帰国することになり、彼女は泣いてすがって引き留めた。日本兵は「命よりも大事な軍刀を置いていく。これを俺だと思って大事にしなさい。必ず帰ってくる」と去っていった。それっきり、戻ってはこない。年ごろになって、同じタイ人とのお見合いの話が何度もきたが、断り続けて30代になってしまったという。軍刀は毎日、かかさずピカピカに磨いている。「もう彼は戻ってこないでしょうが、私はもう日本人しか愛せません」。そう言って、涙をぬぐうグラマー。女の涙にはめっぽう弱い佐々井さん。そうだったのか、とグラマーを慰める。

「こんな純愛があったのかと。俺は戦争悲話に泣いたね」

「私が思うにグラマーは最初から佐々井さんに迫るつもりだったのではないですか？」

「何を言う、軍刀をギュッと抱きしめて、女ごころのいじらしさを俺は見たんだ。グラマーのけなげな心に感動した。しかし、グラマーがチラッと俺を横目で見て、『今晩は、ここに泊ってください』と俺に言うんだ」

「ほら、やっぱり！」

「しかし、タイの坊さんには戒律があって結婚できない。申し訳ないが……と断った。すると、生活費も何もかも面倒を見るから、『げんぞく』してくれ、と懇願された」

「げんぞく？」

「還俗、つまり俗人に戻ることだ」

衣を脱がない限り、戒律の厳しいタイでは、女性は僧に触れることもできない。しかし、グラマーは諦めなかった。それからも毎日、迎えにやってくるようになった。困った佐々井さん、だからといって日がな一日、僧院にいるのも苦痛だ。そこで、グラマーが働いていて不在にしている真っ昼間にバスでツリーハウスに行き、グラマーと入れ違いで寺に戻るようになった。

寺一番のべっぴんさん

そんなある日、佐々井さんは熱を出した。寮でうなって寝ていると、別棟で修行している尼さんのうちの一人が、お粥を作って持って来てくれた。タイ人の僧侶が佐々井さんの不調に気が付き、世話をするように言いつけたらしい。顔を見て驚いた。その子が見たこともないようなべっぴんさんだったからだ。実家はタイの北部にあるという、華僑の娘だ。白い衣に身を包み、白い肌にクリっとした目、優しげな口元、頭は小さく、まるでお人形さんのように美しい。

佐々井さんはたちまち舞い上がった。これが、ひと目惚れというものか。よりによって、寺一番の美人を俺の元に寄こすなんて、タイの坊主もどうかしている。そんな佐々井さんの胸の内も知らず、かわいい尼さんは微笑みながら、お粥を食べさせてくれる。

「へえ、あなたは日本人なのですか。日本語、教えてくださいな」

「おお、いいとも！　俺も中国語、習いたいなあ」

鼻の下がググッと伸びる。名前を聞くと「ウエーオーダーオ」、意味は「夜空に輝く星」だという。そうか、暗い気持ちで生きる俺にとっては、彼女こそお星さまだ！　熱が下がって快復すると、いてもたってもいられず、本屋に漢文の本を買いに走った。部屋のドアを閉めて仲睦まじく、彼女に日本語を教えたり、中国語を教わったり。すると、それに気が付いたタイの坊さんたちが部屋の前を通るたび、窓の外からふたりをひやかすようになった。

「それで、彼女と気兼ねなく会うために、僧院の一番端っこの古い部屋で暮らすタイ人に頼み込み、俺の新しい部屋と交換してもらったんだ。そこなら、ほとんど誰も通らない。時々、日本人僧が偵察にきたけどな。それで、急速に親密になって……」

美人だし、素直で心も優しい。タイではダメでも日本に連れて帰れば結婚できる。佐々井さんは、グラマーには断ったくせに、尼さんとの結婚を真剣に考え始めた。何度も高尾のお師匠さんに手紙を書いた。しかし、家族ができ、守るべきものができたとたん、僧としては中途半端に生きることになる。捨て身で民衆を助けていくには、家族を持ってはいけないのだ。その手紙を投函できないまま、思い悩んでいた。

もんもんとしていたのは佐々井さんだけではない。折しも、なかなか佐々井さんと会えないグラマーが、しびれを切らして佐々井さんの部屋に乗り込んできた。そこに運悪く愛しの尼さんが、炊いたご飯を佐々井さんの部屋まで運んできた。女ふたりが愛しい男の部屋で鉢合わせ。がぜん、グラマーが「この娘《こ》、誰なの⁉」と嫉妬する。

グラマーの恐ろしい剣幕に、尼さんは震えあがった。「日本語を習いに来ているだけです」と言い訳するも、訝《いぶか》しむグラマー。佐々井さんは、なだめすかしてグラマーに帰ってもらったが、尼さんに「もうここには来るな、あいつは軍刀を持っているし殺されかねない」と釘をさした。

ライバル登場に、ふたりの女は勝負に出た。尼さんは自分の想いを佐々井さんに打ち明け、「あなたを真剣に愛してしまったから、お寺にはもういられません。実家に帰るから必ず迎えにきてください。一緒に日本に行きます」と寺を去っていった。

すぐにでも連れて帰りたいが、まだ留学僧としての修行期間は半年ある。彼女の家を訪ねると、家族は小さな下請け工場を経営しており、父親から「毎日、娘はあなたと結婚したいと言っている。日本に連れて行ってやってほしい」と頭を下げられた。

一方、グラマーは美人で若い尼さんの登場に焦っていた。ここでササイを逃すと一生、結婚できない。なんとしても、ササイの衣を脱がさねばならない。グラマーから呼び出された佐々井さんは覚悟した。行かないと余計怒って、美人の尼さんに何をしでかすか分からない。うまく言って聞かせようと、グラマーの迎えの車に乗り込んだ。

予想通り、小屋についたとたん、「今夜は寺に帰さない！　早く、衣を脱いでください！」と、迫るグラマー。「まあ、まて、話し合おう」となだめると、グラマーはとんでもない行動に出た。机の引き出しをガッと引き、大小、二丁の拳銃を取り出したのだ。

「お、おい！　やめろ！」

「私から逃げたら、あなたをピストルで撃つ！」

「ちょっと、落ち着け！」

「あなたを殺して、私も死ぬわ！　何十年も日本人を待っていたのよ。でも、あなたはお坊さんだから手を出せない。さあ、衣を脱いで！」

「分かった、分かったから！　お前とは別れない。でも私はまだお坊さんでいたい。時期が来たら脱ぐから」

佐々井さんは震える声で、必死に弁解して拳銃を置いてもらった。その時のグラマーの顔は、恐ろしい鬼の形相そのものだった。女の執念の深さ、邪念、苦しさ……その強い愛欲が人の顔をこんな形相に変えてしまう。その激しさに震えながら小屋の外に出ると、奈落の底のような暗くて深い闇が広がっていた。

佐々井さん、一案を講じる

このままでは、自分も尼さんにも身の危険が迫る。あの執念深いグラマーが簡単に引き下がるわけもない。さて、どうするか。その時、Ｏさんという日本人の青年のことがパッと頭に浮かんだ。先日、日本人僧に会いに、寺に遊びに来てくれたのだ。日本の「農業開発隊」の隊員として、農業研修でタイに１年間、派遣されていたＯさんは、そのまま現地に残り、土地を開墾して農場を経営していた。

「ほとんどの研修生は帰国してしまったが、Ｏは異国の地で頑張っている。根性のある男だ。そこで、俺は悪知恵がひらめいた。グラマーをＯにぶつけてやれ！　と。坊さんではないから、付き合っても問題もない」

「えー!?　嫉妬深いグラマーを人に押し付けるなんて、佐々井さんも悪い男ですね。それに日本人なら誰でもいいというわけでもないでしょう？」

「い、いや、グラマーは純情だし、Ｏは実直な日本男児だ。ふたりは案外、似合いのカップルかもしれぬと思ってな」

佐々井さんは、グラマーを誘ってＯさんの農場へ行く計画を立てた。彼女は佐々井さんと遠出ができると喜んだが、当日、どういうわけか、18歳の親戚の女の子を連れてきた。

「農場に私も行きたいと頼まれたらしい。18歳だが妙に色気がある。その子が俺のことをチラチラ見るたび、グラマーが『お坊さんをじろじろ見てはいけません！』と怒るんだ」

Ｏさんは喜んで一行を迎え入れてくれた。広い農場には牛が草を食み、よく手入れをされた畑もあった。避けられていると思っていたのに急に遠出に誘ってきた佐々井さんに対して、最初、グラマーは何か魂胆でもあるのかと勘繰っていた。しかし、田舎ののびのびした空気に触れ、Ｏさんの親切なもてなしに感動したのか、佐々井さんの思惑通り、ふたりはいい仲になっていった。もしかしたら、ササイの衣を脱がすのは至難の業だと諦めたのかもしれない。

ところが、それがＯさんの不幸の始まりだった。ある朝、佐々井さんが新聞を広げると、「専売公社の女が日本人青年を拳銃で撃つ」という記事が出ているではないか！　あのグラマーだ。結婚を迫られて断ったＯさんをあの拳銃で襲ったのだ。グラマーは刑務所に入り、Ｏさんは命は助かったものの療養のため帰国することになった。

「気の毒なＯさん！」

「ああ、俺の悪だくみのせいだ。しかし、Ｏは骨のある男だ。その後、またタイに戻ってきて農場を大きくしたらしい。それだけが救いだ」

「グラマーは気が狂ってしまったのでしょうか？」

「真剣なんだ、純愛ゆえに止められないんだ。Ｏではなく、私を恨んでいることは確かだろう」

グラマーが出所する前に逃げなくては。そう思った矢先、今度は、なんと実家に戻って働いているかわいい尼さんの目がつぶれたと衝撃の知らせが届いた。仕事の最中に、毒でも目に入ったのではないかと父は泣いている。あの天下一品の美しい目がもう開かないなんて……。

どうしてだろう。自分とかかわる女は皆、不幸になる。これは深い業《ごう》なのか。拳銃を持って佐々井さんに迫ったときの鬼気迫るグラマーの顔がまざまざと思い出される。自分のものにしたい、あなたが許せない、そんな情念が渦巻いていた。彼女を悪魔のような形相にさせた原因は俺だ。俺は本当に悪い男だった。

立派な僧になる夢と、愛しい尼さん、どちらも手に入れようと考えた佐々井さんだったが、ここにきてようやく目が覚めた。俺は日本で女を絶ってタイに来たのに、また魔性に魅入られていたのだ。女を絶たねば、俺は地獄に落ちる。佐々井さんが必死に探した名医のおかげで幸い、尼さんの目は快復に向かったが、彼女ともう別れよう。どんなに女にもてようと、一人静かに隠れ家にいようと、常に孤独はついてまわる。言い尽くせない絶望と焦燥感、湧き出す苦悩や憎悪、怨念が次々に押し寄せてくる。

このまま日本に帰ったら後悔しか残らない。ほとぼりが冷めるまで、お釈迦様が生まれたインドに行って自分を見つめ直したいと、高尾山の師匠に手紙を書くと、「特別にタイ留学をさせ、任期の1年を2年に延ばしてやった。その上、インドへは行かせられない」と大反対された。もっともだ。しかし、恋の三角関係も日本に伝わっているだろうし、恥ずかしくて今すぐには帰れない。

師匠のお叱りは承知の上で、佐々井さんは帰国の片道切符をインド行きに変更した。その後、グラマーも尼さんもどうなったかは分からない。女ふたりを捨て、激しい自責の念に駆られながら、佐々井さんはインドへと向かった。せいぜい1年程度と考えていたこの旅が生涯をかけた長い戦いの幕開けになるとはこの時、誰も想像できなかっただろう。

第7章　「我は龍樹なり」

２年間のバンコク生活は空しく苦い思い出しかない。女を捨て、師匠を裏切り、多くの人を失望させたまま、１９６７年８月８日、32歳の佐々井さんは留学先のタイからインドへと旅立った。まぶたを閉じれば、タイの美しい景色や穏やかで信心深い人々ではなく、ジャングルの深い闇と自分を恨んでいるであろう人々の顔が浮かんでは消えた。

罪の意識にさいなまれ、絶望の底にいた佐々井さんだったが、飛行機の窓から見える大きな雨雲をぼんやりと眺めているうち、ある不思議なつながりに気が付いた。

日本でも中国でも末広がりで縁起の良い日とされている８月８日。そういえばなにかとこの日に縁がある。高尾山での得度式は８月８日、タイに出発したのも、今日、インドへと旅立ったのも８月８日だ。

「偶然とは思えない。俺はその時、もしかしたら何か大きな力が働いているのかもしれないと考えた。グラマーにも尼さんにも俺はひどいことをしたが、グラマーには一途に人を想う純粋さ、尼さんには心の美しさを教わった。もし、この二人に出会わなければ、俺はインドに行くことはなかった。これは仏さまが俺をインドに派遣しても大丈夫なように試練を与えたのだろう。ふたりは観音様の化身かもしれない。無情とは『情けが無い』と書くが、もうひとつの無常とは『常なるものは無い』という意味だ。俺は里子さんの言葉を思い出した。人は流れていくのがいい。もしかしたら人生の大きな波に流されてインドへと渡ったのかもしれない」

飛行機の高度が下がるにつれ、次第に赤茶けた大地が見えてきた。古くからの文明が栄え、釈迦の故郷である憧れの天竺（インドの旧称）。仏教は滅び、いまやヒンドゥー教の国になってしまった。それでも長い歴史を持つ美しい国に変わりはないだろう。期待に胸を膨らませて巨大都市コルカタの空港から外に出た佐々井さんは、タイとはあまりに違う殺気だった光景と強烈な臭いにショックを受けた。

耳をつんざく車のクラクションに、叫びながら歩いてくる物売りの人々。空港のロータリーにもかかわらず牛がのろのろと歩き、ところかまわずフンをする。道路はゴミだらけで土埃が舞い、アンモニアと香辛料の入り混じった匂いがプーンと流れてくる。

よく言えばエネルギッシュで活気があるが、殺伐として人の気性も荒そうだ。いやいや、こんなことで怖気づいてはいけない。暗くならないうちにコルカタの日本山妙法寺に辿り着かねばならない。日本山妙法寺とは日蓮宗系の宗教団体で、タイに滞在中、知り合った妙法寺の僧侶が「インドに来るなら訪ねてきなさい」と声をかけてくれていた。宗派は違うが、インドの生活に慣れるまでしばらくお世話になるつもりだった。

気を取り直して、空港のタクシー乗り場で寺の名前を言うが、順番なんてものはなく、あっという間にドライバーに囲まれ「俺のタクシーに乗れ」と強引に手をあちこちから掴まれた。さっそくインドの洗礼を受けた佐々井さん、パニックになりながらも、仲裁に入ってくれた警官のおかげで、無事、寺に辿りつくことができた。

日本山妙法寺は平和を願って世界各地に仏舎利塔を建立しており、現在もお釈迦様が法華経を説いたとされる仏教の聖地、ラージギル（ビハール州）で平和塔を建設予定とのことであった。

コルカタに到着して2週間、インドの喧噪《けんそう》にも慣れてきた頃、妙法寺の住職がその地へ行くというので同行させてもらうことになった。汽車で約10時間、ビハール州の州都パトナを経由し、ラージギルへ。ぐるりと山に囲まれており、紀元前４００年頃、天然の要塞としてマガダ王国が栄えていた歴史ある地域だ。街の中心からさらにタクシーで1時間ほど田舎道をすすむと、山あいに2階建ての小さな寺の建物が見えてきた。

歳の頃は60歳であろうか、「ようこそ。佐々井さん、こんな遠いところまでよくいらっしゃいました」と、穏やかで優しそうな住職が手を合わせて出迎えてくれた。八木天摂《てんしょう》と名乗る老僧でもうインドに30年以上も関わり、この地で仏教を広めているという。

翌日、夜明け前に八木上人たちとともに寺を出発し、これから平和塔を建てるという多宝山を通り、お釈迦様が法華経を説いたとされる霊鷲山《りょうじゅせん》（グリドラクータ）へ、お経を唱えながら薄暗い道を登っていく。

サンスクリット語でグリドラとはハゲワシのことで、霊鷲山の山頂部分は鷲の上半身に形が似ている。長い間、ただの岩山だと思われていたが、明治時代、日本の探検隊がやってきて「この山こそ仏典に出てくる霊鷲山」と発表したという。

「多宝山の山頂に辿り着いた時、ちょうど真っ赤な太陽が昇ってきた。こう、ゴーッと周りの峰々を真っ赤に照らして、もうこの世のものとは思えないほど壮大なんだ。力強く神々しいご来光を見ているうち、なんだか穢《けが》れた俺の心がスーッと洗われる気がした。そして霊鷲山のてっぺんに着いた時、お釈迦様に誓ったんだ。タイでのはちゃめちゃな生活を悔い、心を入れ替えると。それで八木上人にここでしばらく手伝いをさせていただきたいと申し出た。少しでも成長した姿を高尾山のお師匠さまに見せなきゃならんからな」

八木上人は快く佐々井さんを受け入れてくれた。建設業者が本格的に塔を建設する前に、多宝山の土地をならし、基礎工事をする必要があった。高齢の八木上人は重労働ができないものの、太鼓を叩きお経を唱えながら、佐々井さんや30人ほどのインド人人夫たちを励ましてくれる。

佐々井さんは、これまでの後悔を振り払うかのように無我夢中でツルハシを振り下ろした。設備の整った麓《ふもと》の寺まで下りる時間がもったいないと、時には多宝山の山頂の小さなお堂に薄い布団を敷いて寝泊まりすることさえあった。

　タイではちっとも動かず、贅沢な食事とコカ・コーラでブヨブヨに太ってしまったが、ラージギルでは過酷な労働に従事しながらもチャパティと塩と玉ねぎという粗食で過ごすようになり、脂肪は自然に落ち筋骨たくましくなった。しかし、インドが涼しいのは２月まで。３月を過ぎれば、気温がどんどん上がる。インドの灼熱地獄をはじめて経験する佐々井さんの背中は、ひどい日焼けで何度も皮がむけるほどだった。

ヒッピーもまた人生の求道者

　歯を食いしばって重労働に耐える佐々井さんを、八木上人は息子のようにかわいがった。温泉に行けば、自分が疲れているのに、佐々井さんの背中を流してくれたこともあった。誰の悪口も言わず、優しく、それでいて芯が強い。

　そんな菩薩のような八木上人を慕ってやってくるのは、僧だけではなかった。ちょうど１９６０年代、世界はヒッピーブームで、インド各地を放浪する日本の若者がたくさんいた。ヒッピーのなかにはラージギルにいる八木上人の噂を聞いて、訪ねて来る者もいた。

「東大を中退してインドを放浪していたのもおれば、洗濯もロクにせず、うじ虫やシラミを持ちこむやつもおって。でも八木上人は親切で、どんな人でも受け入れる。しかし、日本山妙法寺の坊さん連中には、『八木上人は浮浪者ばかり集めて騒いでいる』と悪く言う人もいてな」

寺に居候しているヒッピーたち、少しは土木工事を手伝ったのだろうか。佐々井さんに聞いてみると、八木上人の真似をして一緒にお経を唱え太鼓を叩いてはいたが、日がな一日、寺で本を読んでゴロゴロしていた若者が多かったという。

「ヒッピー、役に立たないなら、泊めてあげなくても良かったのでは？」

「最初は俺もそう思っていた。ラージギルの寺は決して裕福ではないしな。ところが、面白いんだ。居候しているうち、八木上人に感化されて、仏教に目覚めてヒッピーから坊さんになったのが何人もいる。なかには八木上人を見習って海外の寺の住職となり、苦労して仏教を広めている根性のある奴もおるらしい。俺は気が付いた。ヒッピーには仏のタネがある。ただ放浪し、怠けているわけではない。彼らは人生の探求者なのだ」

「人生の探求者？」

「そうよ、その当時のヒッピーの愛読書は何だか知ってるか？　ヘルマン・ヘッセの『シッダールタ』だ。お前、読んだか？　俺はインドに来るまで知らなかったんだ」

来るヒッピー、来るヒッピーが皆、同じ青い表紙の文庫本を手にしている。不思議に思った佐々井さんは、「2、3日で返すから」とその本を借りてパラパラと読み始めた。お釈迦様と同じ名前を持つ主人公の青年、シッダールタはバラモンに生まれ、誰からも愛され、何もかも手に入れているのに心はむなしい。そこで僧のグループに入れてもらい修行をしていたある日のこと、お釈迦さまに出会ったのだ。一緒に修行していた友人はお釈迦様の弟子となったが、シッダールタはあえて異なる道を選んだ。

「シッダールタは弟子にはならず、民衆の中に入っていくんだ。美しい遊女と知り合ったり、商売を覚えたりと……まあ、いろいろあってな。しまいには、遊女を捨て、川のほとりで暮らすんだ」

「妻を捨てて逃げる……そんな最低男の話でした？　あ、ごめんなさい、佐々井さんも婚約者の尼さん置いてきたんだっけ……」

「あ？　お前、はっきり言うなあ。まあ、いい。それで、その川のほとりに遊女が子供を連れてやってきた。実はその子供はシッダールタの息子だった。その後、女は蛇に嚙まれて死に、実の息子もシッダールタの元を去っていく。ある日、シッダールタはお釈迦様の元で修行を続けていたかつての友人と再会する。彼はまだ悟りは開けていなかったのだが、民衆の中で様々な苦労を重ねて生きてきたシッダールタの方が先に悟りを開いていたんだ」

「へえ、どんな悟りですか？」

「人生の良いこと、悪いこと、あるがままを受け入れて生きていく。煩悩を消すのではなく受け入れて生きていく。俺はその文を読んで雷に打たれた。そして山の上で叫んだ。この求道者、シッダールタは俺そのものだー！　インドに来てよかった‼　とな」

「確かに佐々井さんの生き方に似ているところはありますね」

「そうだ。俺はここで表向きには真人間となって頑張っていたが、深い苦悩と後悔にさいなまれていたんだ。ところが、シッダールタが俺の一切の苦悩を取り去ってくれた。マントラが、オウムが、ガ〜ッ！　と体の中に入ってきた。そういえば、弘法大師が日記に書いていたな。悟りを開いた時に自分の口に明星が飛び込んできた。まさにその感覚だ」

佐々井さんと話しているうちに学生時代、「シッダールタ」を図書館で借りたことを思い出した。しかし、捨てたり捨てられたり、なんだか煮え切らないシッダールタが何を考えているのか分からず、読めば読むほど眠くなった。怒られるので佐々井さんには黙っていたが……。

女もコカ・コーラも潔く絶ち、八木上人の元で心身共に健康になった佐々井さんの奮闘は、遠く離れて暮らす高尾の師匠の耳にも入ったようだ。

ある日、「ちゃんと皆さんの言うことを聞いて頑張りなさい、水は飲みすぎないように」と、親心あふれた優しい手紙が高尾から届いた。今の自分なら、胸を張って日本に戻れる。7月、基礎工事がひと段落したところで、いよいよ帰国することにした。

白髭《ひげ》の男の正体は？

せっかくだからインド仏教の聖地をまわり、高尾山に帰ろう。そして今度こそ、今まで迷惑をかけたお師匠さまに懸命に仕えよう。八木上人に伝えると、「それなら、8月7日は満月がきれいだから、それまでラージギルにいなさい。最後の夜は、汗を流した多宝山山頂のお堂に一緒に泊まろう」と言ってくれた。

しかし、８月は雨期のど真ん中。とても満月など見られないだろうと思ったが、前日まで土砂ぶりの大雨が嘘のように７日は見事な晴天となった。

「俺には法名がいくつもあるんだ。本名は実、得度式では秀嶺、のちにインドの首相からはアーリア・ナーガルジュナ（聖龍樹）という名を授かっている。そして、八木上人からは天日という名前をいただいた。だから俺のインド最後の日に、おてんと様が顔を出してくれたのかもしれない」

八木上人は、もともと日本橋の和菓子屋さんの息子で、お菓子を作るのが上手だった。その日、佐々井さんのために、日本から送ってもらった貴重な小豆で、おいしいぜんざいを作ってくれた。一緒にでんでこを叩いてナムアミホウレンゲイキョウを唱え、思い出話で盛り上がる。

布団を並べて寝床についたが、なかなか寝付けず、すぐに寝息を立てて寝てしまった八木上人を起こさぬよう、そっとお堂を抜け出した。この１年をかけ、固い岩盤を砕いて人夫たちと共に基礎彫りをしたその中心の穴に座って将来のことを考えたり、瞑想したり、お経を唱えたりしているうちに、頭の真上にちょうど満月がきた。

「その瞬間の美しさといったら！　満月の光に、周りの５つの峰が照らされて光っている。ラージギル最後の夜に俺が見たこの世の黄金浄土だ。さあ、ここからが俺の人生で一番の大事件だぞ。相撲でいうところの大一番、いいか、耳の穴をかっぽじって、よく聞けよ！」と、佐々井さんが、ちょっともったいをつけたので、私はうなずいて背筋を伸ばした。

荘厳な月の光に照らされながら、目を閉じていると、日付が変わった8日の深夜2時過ぎだっただろうか、突然、何者かに肩をものすごい力でパーンと叩かれた。驚いて必死でもがいたが身動きがとれない。震えながら、前を見ると、なんとそこには肩まで届く白髪の老人が満月に照らされて立っていた。眉が真っ白でそれも長く垂れている。額も広くてピカピカと光り、目は煌々として、あご髭と鼻の下の髭がつながって、その姿はまるで仙人だった。

そして、杖なのか刀なのか、長いもので佐々井さんの肩をグーッ！　と押さえつけた。佐々井さんはガタガタと震えながら「あなたは誰ですかー？」と叫ぼうとしたが、声にならない。恐ろしくて恐ろしくて、口の中は乾き、脂汗が流れる。老人は突然、目をくわっ！　と見開いて不思議なことに日本語でこう言った。

我は龍樹なり
汝速やかに南天龍宮城へ行け
汝の法城は我が法城
我が法城は汝の法城なり

汝速やかに南天龍宮城へ行け
南天鉄塔もまたそこに在らん

誰なんだ、何なんだ？　心のなかで必死に「南無妙法蓮華経」を繰り返し唱えているうち、いつの間にか老人は消えていた。なんとか動けるようになった佐々井さんは、ガバッと身を起こして転がるようにお堂に駆け込み、ぐっすり寝ている八木上人の肩をゆすって起こした。

「八木上人！　八木上人！　起きてくださいよ！」

「う、うーん、佐々井さん、何だ、どうした？」

「い、今、白髭の龍樹を名乗る老人が！」

「龍樹？　怖い夢でも見たんだろう。よし、よし、早く寝なさい」

八木上人は佐々井さんをなだめると、むにゃむにゃと寝入ってしまった。佐々井さんは眠れなくなりひたすら考えた。確か龍樹とは2、3世紀ごろ大乗仏教を興した開祖であり、「空《くう》」の理論を大成した聖人だ。大雑把に言うと、小乗仏教（上座部仏教）は修行をした人だけが救われるという考えだが、大乗仏教とは出家して厳しい修行をした人だけではなく、一般大衆のすべてを救おうという考えである。日本の仏教はほとんどが大乗仏教で、龍樹は「大乗仏教八宗派の祖」とも呼ばれている。

果たして、その龍樹であろうか？　では、「南天龍宮城」とはどこのことか。龍宮城といっても、浦島太郎の話しか思いつかない。昔話と何か関係でもあるのか。「法城」とは城ではなく仏法に守られて悪を防ぐという仏教用語だが、「南天鉄塔」とは真言密教の経典を収蔵していると伝えられる塔のことだろうか。確か、南インドにあると言われており、日本からも発掘隊が調査に行ったと聞いていたが……。

涙で叫んだ「飢えて死ね」

昨夜の満月が嘘のように、朝になると重い雲に空は覆われ、バケツをひっくり返したかのような猛烈な雨が降りだした。ようやく八木上人が起きてきたので、もう一度、お告げの話をすると、最初は半信半疑であったが、佐々井さんのあまりに真剣な様子に耳を傾けてくれた。

「佐々井さん、その龍樹は、南天龍宮城と日本語で言ったのかね？」

「そうです。八木上人、それはいったいどこのことでしょうか？」

目を閉じて考え込んでいた八木上人が、ハッとしたように突然、大きく目を見開き、「ちょっと待っていなさい！」とインドの地図を持ってきた。

「サンスクリット語で龍はナーガ、宮はプーラ。デカン高原にナグプールという都市がある。もしかしたら、ここのことかもしれない。インドのど真ん中、インドのヘソとも言われている場所だ。お釈迦様の生まれたインドだが、ヒンドゥーに追われてほとんど仏教は途絶えてしまった。しかし、そのナグプールで今から十年前頃、ある偉い人が仏教徒になったそうだ。それに続いて数十万人が仏教に改宗し、仏教復興運動が起きたと聞いたことがある」

「その偉い人の名前は何というんですか？」

「思い出せないなあ。それで、佐々井さん、行くのかね？」

昨日までは、これからの人生は、尊敬してやまない高尾の師匠に献身的に仕えるつもりでいた。しかし、今、その師匠よりも、もっと上の天の声を聞いてしまったのだ。インドに一生残るか、日本に帰るか、人生の大岐路に今、俺は立っている。

お釈迦様が亡くなってから約２５００年。仏教復興運動が起きたという街、そこへ行けという龍樹のお告げ。折しも今日はタイを旅立ってちょうど1年後の8月8日。タイからインドに来る時も、何か大きな力が働いているのではないかと思っていたが、それが龍樹なのかもしれない。少年時代から様々な艱難辛苦《かんなんしんく》を与え、俺をタイやインドに向かわせ、そして今日、聞いたこともないナグプールに導こうとしている。いったい、その地で何が待っているのか？　龍樹に与えられた使命ならば、日本男児として行かないでなんとする。

「行きます！　これは天の声です！　その声を訊ねてナグプールに行きます！」

そう叫んで、八木上人の顔を見上げると、佐々井さんは驚いて飛び上がった。今まで見たこともない阿修羅のような顔がそこにあったからだ。八木上人は佐々井さんを煌々と睨《にら》み、「生半可な決意なら俺は許さない」という殺気を全身から発しながら、腹の底から声を張り上げた。

「ササイー！　行くのかっ!?　今から出発するかー！」

弟子にも〝さん〟を付けて呼ぶようないつもの優しい八木上人とはまるで別人だった。凄まじい気迫にたじろぎながらも、「これは天命なのだ、高尾山のお師匠さまを裏切ってでも行かねばならない」と佐々井さんは腹をくくり、負けじと声を張り上げた。

「八木上人、俺は行きます！　今から、行きます！」

「行くのか！　ではついてこい！」

横なぐりの豪雨のなか、八木上人は無言で佐々井さんを連れ、多宝山から佐々井さんがここに初めて来た日の翌朝、一緒に登ったお釈迦様ゆかりの霊鷲山へと登る。そして、雨に打たれ、ずぶ濡れのまま、山頂の岩にどかっと腰を下ろした八木上人はポケットからびしょ濡れの300ルピーを取り出した。「ここには今、これしかない。取っておけ」と無理やり押し付けると佐々井さんに体を向けた。

「佐々井、おまえに言っておく。ナグプールに行ってもお前のことは誰も知らない。しかし！絶対に物乞いをしてはならない。近頃の坊さんは物乞いをして家々を回るが、それではダメだ。もし、お前を飢え死にさせたならナグプールの仏教徒は偽善だと言われ、その名声は地に落ちる。だが、死んでも物乞いをしなかった日本人僧のお前の名は全インドに広まる。民衆が誰も食事を供養してくれなければお前は死ぬが、八木の言葉を守り死んだなら、骨は俺が拾ってやる。心して行け！」

飢えて死ねと！　なんという恐ろしいことを口にする人だ。雷に打たれたような衝撃で、佐々井さんは再び、震えが止まらなくなった。この人はただの優しい菩薩ではなかったのだ。厳しさと底知れぬ覚悟。最後の最後で八木上人の本当の姿を見た思いがした。佐々井さんは感動してどっと涙があふれた。

「八木上人、ありがとうございました……」

そう頭を下げ、ふと八木上人の顔を見ると、険しさがいつのまにか消え、普段の菩薩の顔に戻っていた。共に下の寺まで降りていくと、八木上人から、「これも持っていきなさい」と仏像を託された。大切に風呂敷に包むと背中に背負い、ラージギルからローカル列車に乗り込んだ。電車がゆっくりと動き出すと、ホームで佐々井さんの安全を祈願して太鼓を叩いていた八木上人が、突然、パタッと打つのをやめ、顔をくしゃくしゃにして「つらかったら、帰ってこいよー！　いつでも帰ってこいよー！」と叫びながら、電車を追いかけて走り出した。

「俺はデッキから身を乗り出し、手を振りながら再び泣いた。八木上人は『飢えて死ね』と一度は、俺のために阿修羅になった。しかし、いざ別れる段になって慈悲と慈愛の本音が出たんだ。菩薩と阿修羅、二つの心で俺のことを真剣に想ってくれていた。今でも、八木上人がホームを走ってくる姿が目に焼き付いて離れない。宗派は違っても、俺に菩薩道を叩き込んでくれた法縁の師だ」

厳しくも優しい八木上人や、佐々井さんの帰国を待ちわびているはずの高尾の師匠を想い、木製の固い座席に座るやいなや、こらえられず子供のように声をあげて泣きじゃくった。乗り合わせたインド人たちが物珍しそうに佐々井さんを見つめていた。

第8章　でんでこを持った乞食坊主

岡山の寒村から勝沼、高尾山と流れ流され、東京、そしてタイへ。インドに渡った佐々井さんが辿り着いたのは、デカン高原のど真ん中であった。これまで様々なひとが、佐々井さんの背中を押してきたが、今回のナグプール行きを決断させたのは、約１８００年前に亡くなったはずの龍樹である。いかにリアルだろうと、そんな不思議なお告げをにわかに信じられるものだろうか？

「私だったら、いくら聖人のお告げでも『自分にはちょっと無理です』ってうまく断わるなあ。だって、佐々井さんに何かあっても保険はないし、龍樹がお金を貸してくれたり通訳してくれたり、味方を紹介してくれるわけじゃないでしょう。お金もない、言葉もできない、誰ひとり知り合いもいないとなれば、七難八苦の渦のなかに突っ込むようなものではないですか」

「こら、お前は何にも分かってないな！　俺はそれまで、ずっと何で生きてきたのか、何のために生かされているのか悩み苦しんできた。しかし、その答えが出たんだ。そう、全てはこの使命のためだった。龍樹が俺を育てるためにわざと試練を与えたんだ。インドは暑いし、ご飯はおいしくないし、インド人は平気で裏切るし、本当は暮らすなら日本がいい。しかし、男一匹、使命を与えられて逃げるわけにはいかん」

「うーん、でも龍樹は、『行け、そこに法城がある』とは言ったけど、遺跡を発掘してほしかったのかな？　具体的に佐々井さんに何をさせたいと思ったんでしょうか？」

「それは俺が行かねば分からん。行って、もがけば道は開けるはずだ、と」

「迷わず行けよ、行けば分かるさ」と言ったのは誰だったか。１９６８年、アメリカではキング牧師が暗殺され、フランスでは「5月革命」、チェコでは「プラハの春」、そして日本でも学生や市民がデモを起こすなど、差別や人権に対し、世界中が同時に奮起した年であった。そんな激動の年に、ひとりの日本人青年がお告げに従い、ナグプールに向ったのも何かの縁だったのかもしれない。

ラージギルからパトナで電車を乗り換え、ここからさらに十数時間の長旅だ。インドの大地は広い。古めかしい車両にはなぜか兵士ばかりが乗っていた。突然、現れたボロボロの衣を纏《まと》った佐々井さんを見て、切符を持っているのに「降りろ！」と兵士が摑みかかってきた。

「この乞食坊主は何だ？　と思ったんだろう。一度は揉《も》めたものの、インド人は好奇心が旺盛だから『やっぱりここ座れ』と席を譲ってくれた。根掘り葉掘り質問されたが、パンをくれたりな。まあ、なんというか、だいぶからかわれた」

使命だと心を奮い立たせたものの、ナグプールが近づくにつれ、何が待ち受けているのか不安も高まっていく。黙って一人で座っていれば心が挫けそうになる。そんな佐々井さんの胸の内を何も知らない陽気なインドの兵士と話しているうち、いくぶんか気持ちが楽になった。午後2時ごろ、すっかり仲良くなった兵士たちに「おい、ナグプールだ！　早く降りろ！」と肩を叩かれ、慌てて電車を飛び降りた。

これが全インド？

ナグプールは、人口約100万人の当時としてはそこそこ大きな街だったが、外国人はほとんど住んでおらず、これといって産業もなかった。駅は思ったよりも小さく、駅前もそれほど賑わっていない。

誰も迎えに来る人もなく、荷物は八木上人からいただいた300ルピーと背中に背負った仏像、そしてでんでこ（手持ちの太鼓）だけ。ナグプールは仏教徒が多い街だと聞いていたから、駅前で、「南無妙法蓮華経〜」とお経を唱えれば、誰か寄ってくるだろう。そしたら、寺の場所を教えてもらえばいい。

衣を着てでんでこを叩く東洋人の前には、さっそく人だかりができたが、集まってきたのは、リキシャ（人力車）のおやじばかり。片言のヒンドゥー語で「ブッダビハール、カーイ？（仏教徒の寺はどこか？）」と聞くと、「アイアイ（ある、ある）」と一人のおやじが答えたので、「一番、でかい寺に連れて行ってくれ」とリキシャに乗り込んだ。

駅前の大通りから、小さな家が並ぶ貧しい住宅街に入っていく。駅から10分ほど、郵便局の隣のこぢんまりとした八百屋さんの前でリキシャが止まった。いくら佐々井さんの発音が悪くても、八百屋と寺を聞き間違えることはないだろう。

けげんな顔をする佐々井さんに、おやじは八百屋の軒先に英語で書かれた「ブッディストセンター・オブ・インディア（全インド仏教協会）」という文字を「ほら！」と指さした。え、これが「全インド」？　仏教はこんな八百屋さんの軒先にしか、看板を掲げられないのか？　と佐々井さんは驚いた。ラージギルの山の中にいた時はインド人仏教徒との交流がなかったのだが、いかに仏教がインドで少数派かという事実に、ここにきてようやく気づかされた。

佐々井さんが驚いている横で、リキシャのおやじは「200ルピーくれ」と手を出す。近いのにずいぶん高いなあ、と思いつつ、300ルピーのうち200ルピーを抜き取り渡すと、大喜びでおやじは去っていく。

「もう100ルピーしかない。後から知ったんだが、この距離なら4ルピーくらいだったんだ」

「ええ？　50倍もふんだくられたのですか？　インドに来て1年になるのにぼられすぎですよ」

「いや、坊さんが楽して乗り物に乗るのも良くないと思って、いつも自分で歩いていたからなあ。物価を知らないんだ。お金の値打ちが分からない男、それが佐々井秀嶺でございます。それからは、インド人に騙されどおしの人生よ」

佐々井さんにとって、1万円でも1円でも一緒なのだという。自分でもこんな世間知らずでよくやってこられたな、と笑う。

さて、その八百屋さんに「ナマステー！（こんにちは）」と声をかけると、八百屋さんのさらに奥の部屋から男が出てきた。八百屋の主人ではなく、店の奥は別の住人の住家があるようだ。片言のヒンドゥー語と英語で日本から来た仏教僧だと告げると、その男は部屋に招き入れてくれた。この人が全インド仏教協会の事務局長を務めるワーマン・ゴレボレさん。本職は長距離列車の車掌さんだという。三畳ほどの小さな部屋には、二つの大きな肖像画が掲げてあった。一人はブッダだが、もう一人が分からない。体つきは大きく背広を着て、額は広く、目はカッと見開いており、白髭はないが、お告げを受けた龍樹に顔がよく似ている。

「このおじさんは誰ですか？」と聞くと、ゴレボレさんはしばし絶句して「え？　あんた、知らないの？　アンベードカル博士ですよ。私は彼の生前、秘書をしていました」と、ややムッとして言った。アンベードカル？　カルカッタでもラージギルでも日本人僧の口から、ガンジーの名は聞いていたが、そんな人の名前、聞いたことがない。

「この方が12年前にインドで仏教を復興した方です。とにかく、日本から来たお坊さんなら、落ち着くまでしばらくこのオフィスでゴザを敷いて寝泊まりしてもいいですよ。食事も誰かに頼んでおくから心配しないでいいから」と、いきなり押しかけたどこの馬の骨かもしれない佐々井さんに親切にしてくれた。

当時のインドではトイレのある家は少なく（今でも地方では少ないが）、道端か野原で用を足すことが多かったそうだ。車掌さんの家もトイレがなく、他の家で借りてくれという。それにしても仏教徒が何万人もいる街なのだから、寺のひとつやふたつはあるだろうと思い、当面はそこに転がりこむつもりでいたが、どうやらひとつも寺はないらしかった。

それでも雨風をしのげる場所を提供してもらえただけでもありがたかった。さて、何から始めるか？　翌日から佐々井さんは、ナグプールという街を知るためにも、でんでこを叩きながら、「観自在菩薩〜〜」と声を張り上げて路地を歩き回った。ところが、ニヤニヤと遠巻きに見ていた人々が佐々井さんに石を投げ始めた。石のつぶては佐々井さんの頭を直撃し、額から血が流れる。ここは仏教徒の町ではなかったのか？　佐々井さんはショックを受けたが、持ち前の反骨精神で奮起し、さらに声を張り上げお経を唱え続ける。

「俺はノラクロだ。ノラクロって知ってるか？　野良犬が兵隊になって出世していく漫画で小さい頃はよく読んだものだ。俺も野良犬みたいなもんだよ。金も名誉も家もなく、ナグプールには何も持たずにやって来た。石を投げられ、辱められて笑われて、ある時は乗っていたリキシャをひっくり返された。それでも、なにくそ！　とばかりに太鼓を叩き続けたんだ」

ところが、毎日、血だらけ泥だらけで帰ってくる佐々井さんに、ゴレボレさんは「何をやっているんですか、殺されますよ！　もうやめてください」と懇願するのだった。その理由とは、このあたりはヒンドゥーとイスラム、仏教が混在して暮らしているエリアで、以前、小競り合いから大暴動に発展し、何百人も死者を出したのだと言う。石を投げていたのはイスラムやヒンドゥー教徒で、どうやら仏教徒が挑発に来たのだと思ったらしい。

日本では考えられない宗教対立だが、自分の無知から誰かを巻き込んでしまうかもしれない。佐々井さんは、反省し、それから仏教の地区だけを歩くことにした。

最初のうちは「変わった東洋人だなあ」と遠巻きに見ていた仏教徒たちも、顔を毎日、合わせるうち、次第に親しみを覚え始め、佐々井さんに結婚式や葬式などの行事を頼みに来る人も増えてきた。実際に家を訪ねてみれば、佐々井さんは仏教徒の貧しさを目の当たりにして心が痛んだ。ヒンドゥー教徒でいちばん低いカーストの者よりも仏教徒の家はさらに貧しかったのだ。

ラージギルで平和塔建立の基礎工事を手伝っていた時、カーストの低いヒンドゥー教徒の労働者とともに汗を流していたので、インドに厳格なカースト制度があることは知っていた。３０００年前から続くこの制度は、ヒンドゥー教と深く結びついており、僧侶などのブラーミン、王族や戦士などのクシャトリヤ、商人などのヴァイシャ、そしてこの３つの階層に仕える奴隷階級であるシュードラの４階層に分かれている。さらにその下の奴隷カーストにすら入れないダリットと呼ばれる不可触民は、最底辺のアウトカーストの下層民衆であり、インド全体の約

2割いると言われている。

不可触民は学校にも通えず、家畜の屍体処理やゴミ拾い、皮なめしなど汚れる仕事しか与えられない。生まれた時から、高カーストの者たちから「人間ではない」と教えられ、触ると穢れると忌み嫌われ、ひどい差別を受けてきた。上位カーストが今も自由に仕事を選べないよう、あの手この手で押さえつけている。井戸の水さえ飲ませてもらえず、泥水をすすり、食事は残飯をかき集めて食べるので、体も弱く病気にかかりやすい。もし、上位カーストに反抗しようものならば、住んでいるところを焼き討ちにされたり、殺されることもあった。

仏教に改宗した多くの人は、カーストのない仏教に望みをたくした不可触民の人々だ。しかし、改宗したところで、いきなり差別がなくなるわけではない。

決死の断食・断水行

佐々井さんは、また反省した。太鼓を叩いて仏の道を説いているだけで、人々の生活はよくならない。僧はただ静かに座ってお経を読んでいるだけでいいのか……タイや日本の仏教で不満に思っていたことを、自分がインドで繰り返しているのではないか。悩んだ末、ナグプール郊外の小さな空き地で8日間の断食を行うことにした。心身を清めリセットすることで、考えを深め、未来が開けるかもしれない。

「佐々井さん、断食は修行の一環として、日本のお寺でもやっていたんですよね？」

「ああ。ところがうっかり、皆に断水もやると口が滑って言ってしまった」

「えー？　さすがに8日間、水を飲まないと死ぬんじゃないでしょうか？」

「正直、俺はしまった〜！　と思ったんだ。周りも驚いて『危険だからやめろ』という」

「じゃあ、インド人の言うことを聞いて、やっぱり断食だけにする、と訂正すればいいのに」

「そうはいくか。日本男児たるもの、一度、言ったことは撤回できん」

断食に加えて断水は人生初、まさに命がけになってしまった。インドの仏教徒たちが心配して駆けつけ見守るなか、炎天下に座り込み、太鼓を叩き題目を唱える。涼しい日本の寺と違って猛烈な暑さが佐々井さんを襲う。断食・断水が3日目になると起き上がる気力もなくなり、意識が朦朧《もうろう》としてきた。

「日本人僧がすごいことを始めたぞ」と、地元の記者がやってきて新聞でもでかでかと紹介したものだから、ますます見物人が増えた。なかには「注目を集めたいだけだろう」と偵察にくるヒンドゥー教徒や、佐々井さんのことを良く思わない仏教僧には「断食して人々の生活が向上するわけではない」と陰口を叩かれた。

もともと自分を見つめるため、静かにやるつもりだったのに騒ぎは収まるどころか人垣は増えていく。弱っていく佐々井さんの脈をとり、医者は慌てて中止を叫ぶも、消えゆく意識の中、「……最後までやる。ほっといてくれ」と蚊の鳴くような声で訴える。目の前で行われる〝死の行〟に、日ごろ、佐々井さんを小馬鹿にしていたインド人たちも、目を丸くして合掌した。

「もう最後のほうは、死臭がしていたようだ。医者も何でこの男は生きていられるのか不思議に思ったらしい。なんとか8日間の行を終えたが、弱りすぎて水を飲んでも吐いてしまう。胃が焼け付くように痛くてな。しかし、それでも飲まないと死ぬ。本当に苦しかった」

日本人僧はすごい！　嘘をつかない！　人々の驚きがナグプールを駆け巡る。それを機に一気に佐々井さんは知名度が上がり、ナグプールの仏教徒に信頼されるようになったのだ。行き当たりばったりでやってみた断食・断水ではあったが、その決死の行動が村の人々に感銘を与え、「お坊さんが安心して修行できる寺を作ろう！」と動き出した。無駄ではなかったのである。

しかし、村人とともに、募金集めとして家々をまわると、人々のあまりの貧しさには驚くばかりだった。今まで冠婚葬祭で訪れたお坊さんを呼べる家はまだましだったのだ。食べるものもなく、やせ細った仏教徒の家に入った時はお布施をもらうどころか、涙ながらに逆にお金を渡すこともあった。

小さいながらもようやく念願かなってナグプールに最初の寺が完成すると、佐々井さんは、ブッダとアンベードカル博士、そしてガンジーの肖像画を飾った。

しかし、なぜか村の人はいい顔をしない。佐々井さんがいない時に誰かがガンジーの肖像画だけ、そっとはずすのだ。佐々井さんは憤慨した。ガンジーはヒンドゥー教徒ではあったが、イギリスからインドを独立させた偉大な人物ではないか。それなのになぜ？　不可触民にアンベードカル博士は絶大な人気があるのに、ガンジーが嫌われている理由が分からない。

そんなある日、日本山妙法寺から連絡がきた。ボンベイの寺が数ヶ月間、僧侶が不在となるので、留守を預かってもらえないかという。確かボンベイには、アンベードカルが創設したシッダールタ・カレッジがある。そこで一度、インドの仏教徒に信奉されているアンベードカルという人物について、じっくり勉強してみようかと佐々井さんは学校に電話をかけた。

第9章　ガンジーが嫌われたのはなぜ？

インドに来てすでに3年の月日が経っていた。仏教を広めたいという想いのまま、ただやみくもにでんでこを叩いてまわったり、断食・断水を決行するだけでは、インド民衆の心の奥深くを理解することができない。知識と実践、その両輪が必要だ。一度、立ち止まって、この国の宗教や歴史、政治や文化も学び、不可触民が信奉しているアンベードカルの生涯も学びたい。そう考えてアンベードカルゆかりのシッダールタ・カレッジに連絡をとると、ナグプールでの佐々井さんの評判はボンベイまで届いており、学長たちは二つ返事で許可を出してくれた。学校を訪れると大歓迎してくれ、なんとアンベードカルが使っていたという部屋で勉強しなさいと勧めてくれた。

アンベードカルが残した資料や文献は膨大にあり、佐々井さんは夢中で読んだ。そこで、思いがけずアンベードカルとガンジーの根深い確執を知ることになった。ここに佐々井さんが寺に掲げたガンジーの肖像画を、村人がこっそりはずしてしまう理由が隠されているかもしれない。

佐々井さんは改めて、アンベードカルよりも22年ほど早い１８６９年に生まれたガンジーの人生を振り返ってみた。裕福なポールバンダル藩王国の宰相の子として生まれたガンジーは、ロンドンに留学して弁護士の資格を取る。卒業後はインド本国同様、イギリス領だった南アフリカで弁護士事務所を開業するも強烈な人種差別を経験し、インド系移民の差別に対し断固、戦い、権利回復に尽力した。

帰国してからはイギリスから独立を果たすべく、不服従で民衆とともに立ち向かった。その行動は世界中のメディアが取り上げ、第二次世界大戦後、独立を果たすと「インド独立の父」として知られるようになる。ここまでは、日本の教科書にも載っているガンジーの偉業である。

一方、アンベードカルの人生はどうだったのか。ガンジーがロンドンで法学を学んでいた１８９１年にインドのマッディヤ・プラデーシュ州のマウ―で14人兄弟の末っ子として誕生。貧しい不可触民の家庭では珍しく教育熱心な父のおかげで、突出して優秀だったために学校に通うことを許された。

しかし、身分が低いために同級生と同じ水瓶の水を飲むことさえ許されなかった。気の毒に思った上位カーストの同級生がひしゃくに水を汲み、口に直接当たらないよう、上から流し込んでくれたこともあったという。勉強好きなアンベードカルは高校でもめきめきと頭角を現し、不可触民では初めてボンベイ大学に入学。卒業後はNYのコロンビア大学に留学し、博士号を取得後はボンベイで弁護士として活動を始めた。

虐げられている同胞を助け、差別と闘うべく、当時のボンベイ州（現在は2州に分割）議員に立候補し政治家として活動を始めた。ところが、そこに立ち塞がったのがカーストを擁護するガンジーだったのである。

南アフリカでの差別やイギリスの支配には断固として闘ったガンジーであったが、国内のカースト制度はなぜか黙認した。カーストによる差別や暴力はいけないというスタンスは持ちつつも、不可触民を〝神の子〟として名前をつけ保護することで、むしろ制度そのものを残そうとしたのだ。

不可触民の悲惨な生活を同じインドに生まれたガンジーが知らないわけがない。当時、不可触民をタダ働き同然で扱うことで、インド経済が支えられていたのは事実だ。もし、不可触民が団結し、基本的人権を要求したら、反対派との対立から暴動がおこり、インド経済が立ち行かなくなると恐れたのかもしれない。

「佐々井さん、私はてっきり、ガンジーはカースト制度もなくそうと奮闘していたのだと思っていました。外国からの差別には断固、抵抗したのに、国内の身分制度は守ろうとしたなんて……。あの質素な白い服装と糸車を回している素朴な写真が歴史の教科書に載っていたから、お金持ち出身のイメージが全然、湧かないのですが、マスコミ用の写真だったのかしら？　清貧なガンジーのイメージがガラガラと崩れてます」

「そう、俺も、最初はお前と同じように知らなかった。なぜ、外国人にガンジーが人気で、アンベードカルを知らないのか、その理由も分かったんだ。当時、アンベードカルの書いた本は死後も特定の本屋のみでしか販売できず、公の場でガンジーを批判することは法律で禁じられていた。アンベードカルの影響を恐れた上位カーストたちがそう決めたようだ」

だからガンジーは不可触民の人々に嫌われていたのか。佐々井さんは、自分の無学を恥ずかしく思った。ナグプールやボンベイに来てから、反省の日々である。

アンベードカル仏教の誕生

アンベードカルは法務大臣に就任し、ガンジーが１９４８年、78歳でヒンドゥーの過激派に暗殺された後、不可触民制度の廃止を盛り込んだ憲法をほぼひとりで作りあげた。１９４９年に国会で採択されたものの、なかなか差別はなくならなかった。相変わらず上位カーストは不可触民の人々を虐待し、搾取し続けていた。

苦しければ苦しいほど、人は何かにすがらないと生きていけない。不可触民の人々は自分たちを差別するヒンドゥー教であっても、相変わらずけなげに信じていた。３０００年もの長い歴史のなか、抵抗することを忘れ、犬や猫のように扱われることに疑問すら抱かなくなっていた。しかし、アンベードカルは諦めなかった。そんな人々にも「自分たちは人間である」と目覚めさせ、子供たちのためにも平等で新しい社会を自ら作りあげるよう、説いたのだ。

そして最後の手段として、アンベードカルが考えたのが「仏教への改宗」であった。

紀元前5世紀にインドで誕生した仏教は中国や日本に広まったが、当のインドでは紀元前3世紀のアショカ王の時代に最盛期を迎えるも、ヒンドゥー教の同化政策やイスラム教による寺院破壊や乗っ取り、信者襲撃などにより、13世紀までには寺院仏閣も信者もそのほとんどが壊滅状態にあり、仏教は忘れ去られていった。仏教では武器を持って戦うことが禁じられていたので抵抗できなかったのだという。それにより、かつて仏教寺院があった場所の多くが、今でもヒンドゥー教をはじめとする他宗教のものになっている。

かねてから様々な宗教を研究していたアンベードカルは、自分の国で生まれた仏教の平和や平等の教えに感銘を受け、いつか改宗したいと考えていた。ヒンドゥー教とカーストは一体化している。ならば差別のない仏教に望みを託し、武器は持たずとも差別には抵抗し、仏教の教えを広めていこう。アンベードカルは、1956年、50万人の不可触民とともに、ビルマ（ミャンマー）から高僧を呼んでナグプールで大改宗式を行った。

実はアンベードカルが作った今の憲法には、仏教の平等や平和の思想がふんだんに盛り込まれている。驚いたことにアンベードカルらが考案した現在も使われている国旗には、仏教の法輪（ダルマ）を意味するアショーカ・チャクラの図が入っている。もともと国旗には「糸車運動」

の中心人物であるガンジーが考案した糸車のデザインが入っていたのだが、特定の運動や組織のシンボルが入るのは良くないと変更になったという。ガンジーはおおいに不服だったらしく、もしかしたらその時もアンベードカルとひと悶着あったかもしれない。それにしても、ヒンドゥー教徒が大多数を占める国会で、仏教の象徴が描きこまれた国旗がよく通過したなあと驚くが、現在もこれがインドの正式な国旗なのだ。

憲法を作り、国旗を変更し、インドに仏教の思想を根付かせようとしたアンベードカル。ところが、皆で大改宗式を行った2ヶ月後、さあ、これからという時に65歳で亡くなってしまう。佐々井さんがナグプールにひょっこりやってきたのは、それから12年後だ。

「アンベードカルの死後、インド仏教会には指導者らしい指導者がいなかった。生まれたての赤ちゃんを置いて、親が死んでしまったようなものだ。仏教徒になった不可触民は、何をどうしていいか分からない。改宗しただけでは生活は良くならないし、むしろ改宗したことで、ますます上位カーストにはいじめられる。ナグプール市内には僧侶が一人もいないし、寺もない。なるほど、俺をここに呼んだのは、もしかしたら龍樹だけではなかったのかもしれない」

アンベードカルは自分の死後、インドで困っている仏教徒たちを見るに見かねて龍樹に佐々井さんをよこすよう、頼んだのではないだろうか。佐々井さんは、アンベードカルを知れば知るほど、その思想に惚れ込んでいった。

不可触民の人々が団結し始めた

ナグプールに戻ると仏教徒たちは温かく迎えてくれた。佐々井さんは寺に入るなり、ガンジーの肖像画をはずし、アンベードカルの肖像画を掲げた。そして志半ばで倒れたアンベードカルの遺志を継ぎ、「こんな時、彼だったらどうするか？」と自然に考え行動するようになった。もしまだ生きていたら、きっと寺を各地に建て、皆を団結させ、慈悲の心を持った僧を育て、差別と闘うよう指導しただろう。

それからというもの、佐々井さんは寝る間も惜しみ、不眠不休で貧しい人々のために働いた。仏教徒が集まることのできる寺を各地にもっと建てようと、村や街をまわって募金集めに奔走し、土木工事まで先頭に立って引き受け、信者とともに毎日、汗を流した。また、ほかの指導者とともに、アンベードカルの思想を盛り込んだお題目や戒律も考えた。

さらに集会では、アンベードカルの唱えた「仏教は菩薩行を通して世界平和を目指すものであり、そのために自分で行動を起こすことが大切だ。ただ座ってお経を唱えていることが仏教ではない」「自分のことだけ考えるのではなく人のために生きる。そうすることで、自分も良くなっていく」という教えを説いてまわった。それは大乗も小乗も宗派も関係なく、信者が自立し行動する〝アンベードカル仏教〟とも呼べるものだった。

お寺が建つと、みな朝夕と礼拝に来て、互いに顔を合わせるようになる。上位カーストから虐待されていた仏教徒の人々に対し、何かあれば皆で一丸となって抗議するように指導すると、今まで泣きながら、ただ神頼みをして奇跡を待っていた人々が、団結し声を上げ、自分たちで解決していくようになった。

３千年も前から「人間扱いされなくても当たり前」という考えを押し付けられてきた不可触民の人々が「同じ人間なのにどうして私たちは差別されるのか？　ヒンドゥーのカースト制度は何かおかしい」と疑問を持つようになったのは本当に革命的な出来事なのだ。

さらに佐々井さんは貧しい仏教徒のための学校を作ったり、男性に比べて自立が難しい女性のための就職予備校を開いた。自分の置かれた差別的な歴史や状況を理解するためにも、また、手に職をつけるためにも教育は大事だ。一方で身よりのない老人のために無料の養護院や病院も建て、次々と社会事業を手掛けていった。

また、精神を鍛え武器を持たずにできる自衛手段として、日本から空手家を呼んでインドの少年少女に習わせた。その後、インド全土にじわじわと空手が広まっていったのは、佐々井さんがきっかけだったかもしれない。

日本のＪＩＣＡやＯＤＡがたくさんのお金をインドに落としているが、佐々井さんひとりが半世紀以上かけて行った数々の事業も、すごい効果を上げているのではないかと思う。

第10章　ノラクロの大躍進

ピラミッド型のカースト制度に体当たりし、巨大なブルドーザーのように、異なる身分を平らにならしていく佐々井さん。差別撤廃に社会事業と八面六臂《はちめんろっぴ》の大活躍だ。ところで、ラージギルでの龍樹のお告げに出てきた「南天龍宮城」や「南天鉄塔」探しはどうなったのだろう？　アンベードカルの遺志を継いで不可触民の人々のために奔走してきたから、龍樹の頼み事は後回しにしたのだろうか。

「もちろん、忘れてはおらん。俺はナグプールに着いて早々、いろいろ文献を調べた。南天龍宮城にあると龍樹が告げていた南天鉄塔とは、龍樹が密教の教義を授かった場所とされ、大乗仏教である真言密教にとっても重要な塔だ。龍樹が生きていたと言われる西暦１５０年から２５０年の間には建っていたはず。大昔のことだし、難航するかと思っていたが……それが驚いたことに、龍樹が俺を導いたとしか思えないほど、すんなりと情報が入ったんだ」

佐々井さんがナグプールの車掌さんの家に居候して1ヶ月が経ったとき、仏教徒の市会議員が「そこじゃ狭いだろうからうちに来ないか」と声をかけてくれた。議員の家だからいろんな人が出入りしていたが、ある日、そのうちの一人が「ここから40キロ離れたマンセルという場所にナーガルジュナ（龍樹）連峰があって、その山脈の一番端の山がナーガルジュナ山（ナーガルジュナ・ヒルとも呼ばれる）というんだ」と教えてくれた。

「俺はびっくりした。それってもしや？　と興奮しながらも、半信半疑で案内してもらったんだ。着いてみれば、龍樹連峰の峰々がまるで龍のように見える。ところが、峰々の一番東、龍の尻尾部分にあたる龍樹山以外の山は、ヒンドゥーの聖地になっていて、ＲＳＳの本山にされている。昔は尻尾以外も仏教遺跡だった可能性がある。もし龍樹の話に出てきた南天鉄塔がこの地にあるならの話だが、龍樹が『速やかに行け』と言ったのは、このまま放っておくと龍山までもヒンドゥーに乗っ取られてしまうと焦ったからかもしれん」

しかし当時、インド人や日本人学者たちが、龍樹の南天鉄塔があると考えていたのは、ナグプールではなく龍樹伝説の多い南インドだ。

「俺は学者でもないし、行き倒れのどこの馬の骨かも分からん坊主だ。いくら仏の啓示を受けたからといって、すぐに南天鉄塔がマンセルにあると信じるわけにもいかない。学者たちが主張している南インドもすべて見てから考えようと、あちこち巡って調査したが、確固たる証拠がない。あんまり見つからないから、学者のなかには、『鉄塔は実在しておらず、心の中にある』と変な理屈をこねる奴もいたくらいだ」

その後、ナグプールから車で5〜6時間ほどのチャティシュガル州のシルプールの可能性が高いと聞き、土地を買って発掘してみたことがある。すると仏教遺跡がいくつも出てきて、大喜びで調べてみると紀元600年頃の遺跡と判明した。それはそれで大発見ではあったが、佐々井さんは龍樹のいた時代ではないと知り、がっかりした。

では南天鉄塔はどこにあるのか。結局、ナグプールに戻り、改めて龍樹山へ佐々井さん一人でツルハシを担いで登ったところ、赤茶けた土から像の一部のようなものが見つかった。「まさか?」とさっそく掘ってみると、いきなり首のない仏像が出てきたという。

「えー、そんなあっさり? シュリーマンみたい!」と、思わず、私が声を上げると、佐々井さんは「シュリーマンか、がっはっは!」と得意げに笑い出した。トルコのトロイアの遺跡を発見したドイツ人のシュリーマンも学者ではなく商人であった。ならば、日本の坊主がツルハシ一本でインドの巨大遺跡を発見したという話も同じくらい前代未聞である。日本ではほとんど報道されなかったが、もっと大ニュースになってもよかったのではないか。

遠回りをしたが、佐々井さんはマンセルこそ龍樹の「法城」だと確信した。なぜなら龍樹山のそばにナーガルジュナ(龍樹)湖があり、今も鉄が採れ、南天鉄塔があったと伝えられている場所の地形ともよく似ていたからだ。それに、この地の仏教を熱心に研究していたアンベードカルが「ナグプールにはもともとナーガ(龍)族の王国があり、仏教を信仰してきた。我々はそ

佐々井さんが発見したマンセル遺跡。紀元400年頃の僧院と言われる。

の末裔《まつえい》である」と演説した記録が残っていた。佐々井さんは、私財と日本からの寄付をつぎ込み、龍樹山のあるマンセルに広大な土地を買った。人夫や学者を雇い、政府の許可を取って10年かけて発掘をすすめてみると、山の中からものすごい遺跡が出てきた。

どのくらいものすごいかというと、もうすぐにでも世界遺産に登録してもいいのではないかと思えるくらい立派な遺跡がゴロッと出現したのだ。3年前、ナグプールに初めて訪れた私は、大改宗式の合間をぬって佐々井さんが発見したマンセルの遺跡を見に行った。日本ではまるで知られておらず、ガイドブックにも乗っていないので、小山にちょぼちょぼと日干し煉瓦《れんが》の壁が残っているくらいだろうと全く期待していなかったのだが、それは大きな勘違いであった。

龍樹山とも龍樹丘とも呼ばれる小山に登っていくと、すぐに遺跡が現れた。古い煉瓦を積み上げて作った蓮華《れんげ》の文様を象《かたど》ったかのような台座部分があり、その上に登ると南天鉄塔があったと考えられている煉瓦部分が露出していた。鉄塔といっても、東京タワーのように鉄骨を組んで建てたわけではない。ストゥーパと呼ばれるカマクラのようなドーム型の建物である。どこまでが台座でどこからが塔なのか、それとも全体を塔と呼んでいいのか。遺跡が崩れて草が生い茂っており、私のような素人には判別がつかないが、かなり大きいものであったことは確かだ。

しかし、その塔の中心部分は盗難を防ぐためかトタン屋根で覆われており、鍵がかけられていた。しかし、偶然にも鍵を持ったお役人さんと鉢合わせ、短時間ではあったが入り口を開けてくれた。ライトで照らすとほとんど土に埋もれていたが、横倒しになっている白い石像の一部が露出しているのが見えた。

「お前、運が良かったなあ。普段、内部はなかなか見られないんだぞ。ただ、残念ながら、その核心部分はまだ発掘許可が下りないんだ。土地は俺が買ったが、いちいち許可がいる。黄金の像が出るか経典が出るかまだ分からん。日本からも偉い考古学者さんらが来てくれて、一緒に政府の考古学調査研究所に交渉したが、ダメだった。上位カーストのバラモンのやつらにしてみれば、仏教の遺跡であると証明されたくないわけだ」

塔の中心部分から草木が生い茂る山道をさらに5分ほど歩くと、今度は形のはっきりとした雄大で美しい台形の遺跡が姿を現した。手前のストゥーパよりもずっと新しく、西暦400年代に当時の王様が建てたとされる僧院だという。保存状態も非常に良く、南米のマヤ文明の遺跡にも引けを取らない堂々たる巨大な遺跡だ。その遺跡をよじ登ると、一番てっぺんから遺跡の全景を見ることができた。

日干し煉瓦を積み上げて作られており、小さく仕切られたスペースは、僧たちがかつて暮らした部屋であろう。全体的に複雑な造形で、あちこちに水路のような凹みがあり、その上に小さな橋がかかっている。歩いているうちに、ふとバリのリゾートホテルを思い出した。もしかしたら、この暑いナグプールで、雨水を貯めたか、または池の水をどうにかして汲み上げ、水を張り巡らせて、涼を取っていたのかもしれない。

龍樹が生きていたのは西暦150年から250年頃と言われるが、発掘調査の結果、すでに紀元前3世紀ごろにはこの場所に地区の政治の中心機能である宮殿などが建っていたようだ。最盛期には数千人の僧がこの周辺で暮らしていたと推定されるが、当時はずいぶん賑わっていたのだろう。しかし、10世紀ごろにはほとんど破壊され廃墟となり、佐々井さんのツルハシがその眠りを覚ますまで、長い年月の間、地元の人からはただの小山だと思われていた。

「昔はあの湖は、もっと大きかったらしい。龍宮城といえば海を想像してしまうが、海も湖も同じ水だからな。しかし、最近、困ったことにヒンドゥーのやつらがここをヒンドゥーの遺跡だと主張して、年に一度、この山に大挙して押し掛け、ヒンドゥーの旗を立ててしまう。どうにかして乗っ取りたいのだろう。だから、この遺跡の麓に龍樹菩薩大寺を建てて仏教徒が集まれる場所を作った。この龍宮城だけでもなんとしても守らないと」

赤い目の蛇の心臓を飲めといった山伏、大菩薩峠で聞こえた妙見様の声、ナグプールに導いた龍樹のお告げ、そして遺跡の大発見……佐々井さんの人生は本当に神がかっている。普通なら諦めてしまうようなことも、粘り強く行動し実現してきた。佐々井さんが生きている間に南天鉄塔の内部が発掘され、龍樹のいた龍宮城だと証明される日も近いかもしれない。

なぜそんなにモテるのか

話をナグプールでの活動に戻そう。村や町に寺を建て、社会事業に力を尽くす佐々井さんらの活躍で仏教徒の数は急激に増え続けていった。名声が轟いても偉ぶることなく、貧しい人々からはお布施は受け取らず、もらってもより困っている人に分け与えてしまう。

しかし、面白くないのは、佐々井さんが来る前から活動していた近隣の僧たちだ。彼らはいくら貧しい家であろうとお布施を要求し、お供え物も当然のように持ち帰ってしまうため、民衆からはありがたがられなくなり、次第にどこの家からも呼ばれなくなってしまった。

日本のお坊さんと違って、インドのお坊さんは人気商売である。日本ではお坊さんの人柄にあまり関係なく墓の供養料や檀家さんの葬式などの固定収入が入ってくるが、インドではお坊さんの命は民衆が握っていると言っても過言ではない。1章でも少し触れたが、「このお坊さんは生きていてほしい」と思えば、冠婚葬祭に呼んでお礼をしたり、日頃からお布施や食事を提供するが、「このお坊さん、いらない」と思われれば、飢え死にしてしまう。もっとも、飢える前に転職してしまうかもしれないが……。

人気のない坊主たちは、悔し紛れに佐々井さんの悪い噂を喧伝《けんでん》するようになった。さらに、ヒンドゥー教やイスラム教などの他の宗教団体も、増え続ける仏教徒に恐れを抱き、あることないことを秘密警察に通報し、佐々井さんを執拗に尾行するようになった。

その上、タイで断固、縁を切ったはずの色情因縁がまた首をもたげてきたことだ。気の毒なことに(?)佐々井さんはどこにいっても女にモテる。人種も貧富も関係なく、弱い立場の人を守り、命がけで道を切り開く男前な佐々井さん。そんな日本男児をインドの奥様たちが放っておくわけがない。

朝起きればミルクや食事を供養するため女性たちが群れをなし、集会でも奥様たちが我先にと佐々井さんの元へ駆け寄り、大きな瞳でじっと見つめる。世の男性からしてみれば、うらやましいかぎりだろう。しかし、奥様たちの色気に当てられた佐々井さんは日々、性衝動を抑えるのに必死で、「やはり俺には黒い血が流れているのか」と情けなくなる。

負け犬坊主たちの嫉妬入り混じる遠吠えや他宗教からの妨害や色情因縁に加え、インド生活の疲れがここに来て一気に噴き出した。張りつめていた心の糸が切れてしまったのか。

そんな悩みとは裏腹に、佐々井さんの名声はさらに高まっていく。ナグプールに来た翌年に行われた全インド仏教大会では、まだ末席ではあったが、それから11年後の1980年に開催された第2回全インド仏教大会では、何十万もの信者が集まる式典で、佐々井さんを大導師とすることが会議で決定された。大導師とは、開会演説や入信希望者への授戒など文字通り、大会を一番、先頭で導く重要な地位である。

さらに、その翌年の大改宗式にも、佐々井さんは実行委員のメンバーの一人に選ばれた。大改宗式は、アンベードカルが50万人の不可触民とともに改宗した10月14日前後に毎年行われ、100万人の仏教徒が集うインド仏教徒最大の記念行事であるが、25周年に当たる1981年のその年は特別に盛大に祝われることになっていた。

「なんで、外国人の俺が選ばれたのかって？　仏教徒が集えば、お布施も莫大だが、その金を巡って各派閥がもめにもめて皆、うんざりしていた。それで俺に白羽の矢が立ったのだ」

「佐々井さん、大出世ではないですか！　ナグプールに来たとき、『金もない、知り合いもない、俺は野良犬ノラクロのようなものよ』と言っていたけど、漫画のノラクロもどんどん出世して、最後には隊長になるんでしたっけ？」

「おう、まさか一文無しのノラクロ、乞食坊主がそこまで辿り着けるとは夢にも思わなかったぞ。勘違いをするな。自分が目立って偉くなりたいわけではないぞ。しかし、俺が来た時には1つも寺がなかったナグプールに、この十数年で寺を200以上建て、僧もずいぶんと増やした。もちろん、俺一人の力ではないがな。いろいろあってしばらく凹んでいたが、沿道で手をちぎれんばかりに振ってくれる民衆を見て、心の中で、『秀嶺、よくやった、よくやってきたぞ』と自分を褒めてやりたい気持ちになったんだ」

高尾山の師匠がインドにやってきた

さらに嬉しいことが続いた。なんと佐々井さんの大切な師匠である高尾山の山本貫主が高尾山と成田山の僧侶や信者総勢40名を引き連れ、「秀嶺の成長した姿を見たい」とナグプールまで来てくれることになったのだ。

師匠の期待を一身に背負ってタイに留学するも、三角関係の恋に悩まされ、言いつけに背いて日本に帰国せず、そのままインドへ行ってしまう。1年経て帰ってくると思いきやデカン高原のど真ん中でとぐろを巻いて帰ってこないわ、まったくもって師匠泣かせの不肖の弟子であった。佐々井さんは申し訳が立たず、「破門してください」と何度も手紙で訴えたが、師匠は決して見放さず、遠い日本の地からずっと佐々井さんのことを気にかけてくれていた。

佐々井さんのお師匠さまが来る！　とナグプールの市民は大喜びした。皆で迎えようと、市長はもちろん、州や市の議員から一般の仏教徒まで、その数10万人が集結した。秀嶺に一目、会いたいと高尾山からはるばるやってきた山本貫主は驚いた。「秀嶺の師匠」というだけで、これだけの人が集まるとは。どれだけ秀嶺はインドの民に慕われているのか。

歓迎式典の舞台で涙ながらに、「インドの皆様、今まで秀嶺を育ててくれてありがとうございます。しかし、まだまだ未熟者。これからも見守ってあげて下さい」とまるで幼い子を心配する親のように語りかけると、信者たちは号泣するばかり。師匠の日本語をヒンドゥー語に訳しながら、佐々井さんは、ありがたさのあまり、涙で言葉がとぎれとぎれになってしまった。

その夜、佐々井さんは師匠と同じ部屋で向かい合って語り合った。佐々井さんの十数年の出来事を涙ながらに聞いていた師匠は「秀嶺、一緒に風呂に入ろう」とご機嫌で「お前の背中を流してやるぞ！」と張り切っている。

「とんでもない！　師匠、勘弁してください」と慌てるが、有無を言わせず、「いいではないか！」と、ごしごしと背中を洗ってくれる。さらに風呂上りには、背中ももませろという。

「そんな、もったいない！　私こそ肩を揉ませてください」

「いいんだよ、ほら、早く横になれ！　俺はマッサージが上手なんだ。はっはっは。ああ、お前、ずいぶん、凝っているなあ」

いつになく饒舌《じょうぜつ》な師匠だが、その時、佐々井さんの背中に冷たいものがぽとりと落ちた。振り向いたら、明るい声とは裏腹に71歳になる師匠がボロボロと涙をこぼしている。

「秀嶺、十数年、苦労したのぉ。すまない。私はお前を日本で一人前の坊主にできなかった。本当は寺をひとつあげて住職にしてあげたかった。でもインドでこんなに頑張っていたんだなあ。

でも、もう私は体も悪いし、インドに会いに来られないかもしれない」

佐々井さんは背中を揉んでもらいながら、声を殺して男泣きに泣いた。お師匠さまには期待されれば裏切り、恩を仇で返してきた。それなのに見捨てないで支援しつづけてくれた。その菩薩のような深い慈愛に胸を打たれたのであった。

第11章　闘争のはじまり

かつて、のたうち回って人に迷惑ばかりかけていた男が、ここまで変わることができるのか。佐々井さんは、この国の貧しい人々にはなくてはならない存在として、マハーラシュートラ州以外の地域でもその名が轟きはじめていた。インド女性からはますます憧れの人として惚れられ、インド男性からはアニキや親分のように慕われるようになった。

「人間失格男が野良犬ノラクロに、そして今度は清水の次郎長だ。ササイの命令なら命も差し出すと志願する子分が増えてな。電話一本かければ、どっと人が集まるんだ」

「昔のヤクザ映画の話を聞いているみたいです。お坊さんとヤクザは紙一重なんでしょうか?」

「似ているといえば、似ておる。ヤクザは親分に仕える。俺は親分でもあるが、俺が仕えているのは、貧しい民衆だ。このインドじゃ、義理と人情、ど根性がないと生きていけん」

そんな破竹の勢いの佐々井さんにもひとつだけ弱点があった。それはインド滞在のビザがとっくに切れていることだ。

一度、日本に帰国すればビザを取り直すこともできるが、日本とインドを頻繁に行き来するだけでも莫大なお金がかかる。佐々井さんにそんなお金があれば、社会事業につぎ込むか、目の前の困っている人たちに分け与えてしまうので、手元には何も残っていなかった。

結局、不法滞在のまま、20年近くも活動していたことになる。むしろ、これだけ目立ってよく捕まらなかったものだと思う。

いくら龍樹のお告げとはいえ、数年間だけでも日本に帰っても良かったのかもしれない。しかし、一刻一秒を争う問題が常に山積していた。仏教発祥の地なのに、他のアジア各国と比べると、寺も足りなければ、優秀なインド僧も育っていなかった。どうしようもなく貧しく、上位カーストから迫害されている仏教徒たちは、アンベードカルという大黒柱を失い、途方にくれていた。

親を亡くし、泣くしか生きる術を知らない赤ちゃんのような仏教徒たちが、佐々井さんのおかげで、なんとかハイハイができるくらいまでには育ったのである。インド仏教復興までの道のりはまだまだ長い。こんなところで彼らを放ったらかして、佐々井さんは帰るに帰れなかったのだ。

「もちろん、国籍取得のための嘆願書は何年も前から出していたんだが、俺の人気を妬ましく思う僧侶グループやヒンドゥーの過激派のやつらが暗躍し、妨害していたんだ」
「人気絶頂で向かうところ敵なしに見えて、佐々井さん、実は敵だらけだったんですね」
「ああ、俺の国籍取得を阻もうと、奴らが政治家と組んで政府に働きかけていたことが分かった。しかし、今、強制帰国させられたら、また仏教徒の人権運動は振り出しに戻ってしまう。確かに退去命令を無視することは法に違反している。しかし、人として僧として、間違ったことはしていない」

インド人だけではない。アンベードカルの考えるインド仏教を快く思わない日本人僧侶の多くも、残念なことに佐々井さんの受難には知らぬ存ぜぬの立場をとったという。

何度も国外退去命令は出ていたが、佐々井さんは踏ん張った。しかし、ついに1987年、佐々井さんの元に警官がやって来て連行されてしまう。このまま強制退去となれば、二度とインドに足を踏み入れることができないかもしれない。

俺も、もはやここまでか。佐々井さんはカビ臭い独房の壁にもたれかかり、がっくりうなだれた。ところが、思いもよらないことが起きた。「ササイ逮捕!」の一報は瞬く間にナグプール中に広がり、まだ幼子で頼りないと思っていたインド人仏教徒たちが、「今度は俺たちが親分、ササイを守る番だ!」と立ち上がったのである。

あっという間に50、60人ほどの仏教徒が警察署に乗り込み、猛抗議すると、「このままでは暴動が起きる」と驚いた警察が佐々井さんを釈放。その翌々日、地元紙のナグプールタイムスが一面にでかでかとその様子を記事にして掲載した。弁護士たちもスクラムを組んで大抗議を始めた。「ササイに国籍を取らせよう」と仏教徒たちはデモ行進や10万人規模の抗議集会を開催。そして市民が手分けして署名運動を行い、デリーに陳情団を送りこむことに決定した。

「驚いたことにな、抗議集会や署名運動にヒンドゥーやキリスト、イスラムなど宗派を超えた市民が参加してくれたんだ。その理由が、宗教は違っても、ササイが一生懸命、貧しい人々に尽くしてきたのは知っている。今まで他宗教同士、いがみ合ってきたけれど、ササイが来てから争いが収まった。恵まれた日本を捨て、貧しいインドに貢献してくれた人を追い出していいのかと」

「インドの人たち、すごい行動力ですね。日本だったら署名運動にまで発展したかなあ」

「ああ、俺はありがたくて涙が出た。弟子や信者が成長し、市民が自分で考え、俺のために行動してくれている。もう幼子ではない。むしろ、俺のほうが赤子になった気になってな」

佐々井さんは、いつの間にか宗派・宗教を越え、ナグプール市民にとってなくてはならない人になっていた。わずか1ヶ月で60万人分の署名が集まると、１０００人を超える人がナグプールからデリーに陳情に向かった。ナグプールだけではない、インド各地から陳情の人が次々とデリーを目指し集結。その様子は全国紙でも大々的に伝えられることになった。

１９８７年といえば日本ではバブル経済、真っただ中だったが、果たして、その頃、インドで起きていたこんな面白い出来事を伝えた日本のメディアはあったのだろうか。まるで漫画のような佐々井さんと市民の武勇伝に、私は思わず「それで？」と身を乗り出した。

「あと一歩で憎っくきササイを追い出せる！」と息巻いていた反佐々井派グループは、本当にがっかりしたに違いない。首都のデリーにいる国会議員たちは、ナグプールにいるという、お金もなくボロボロの衣を纏ったササイというへんてこりんな日本人僧の熱狂的な人気に首を傾げた。

しかし、署名はどんどん運ばれてくる。山積みになる紙の束に、1987年の年末、ついに当時の首相、ラジヴ・ガンジーが国籍を与えることを決断。上京した佐々井さんを首相が祝福して出迎え、「アーリア・ナーガルジュナ」とインド名を付けてくれた。サンスクリット語で「聖龍樹」という意味だ。首相は佐々井さんが龍樹のお告げによってナグプールに来た話を誰かから聞いていたのだろう。

ナグプールに帰るとまたもや数十万人の市民が出迎え、佐々井さんを車に乗せて大パレードだ。ちぎれんばかりに手を振る宗派や宗教を超えた市民に、とめどなく流れる涙を拭うこともなく、頭を下げる佐々井さん。これほど大規模な外国人の国籍取得運動はインド史上、他に例がない。証明書の授与式が行われたのは、その翌年の1988年4月。インド人、佐々井秀嶺が誕生した。インドに来てから22年目の大快挙であった。

ブッダガヤの奪還闘争

ササイという日本人僧にインド国籍を与えた政府は、のちのち後悔したに違いない。何しろ、その後、歴代首相で佐々井さんを知らぬ人はいないほどだ。権力に決して屈せず、目標を実現するまでしつこく粘る。政府には鬱陶《うっとう》しい存在だろう。もし、大親分のササイに手を出せば、国籍騒動の時のように、忠誠を誓う子分たちが何をしでかすか分からない。

もっとも、国籍取得から3年間だけは何か問題を起こすと国籍をはく奪されてしまうので、佐々井さんは冬眠中の熊のように、できるだけ表に出ないようにしていた。

眠れる熊が覚めたのは1992年の春のことだ。ナグプールの僧たちと、インドの東北にあるブッダガヤの大菩提寺に行くことになった。今から2500年前、大菩提樹の下でブッダが悟りを開いた仏教最大の聖地だ。当時はユネスコの世界遺産に登録される前であったが、世界中から観光客が押し寄せ観光名所として賑わっていた。

ところが、足を踏み入れてみれば、管理しているのはヒンドゥー教徒で、そこで発掘された仏像は売り飛ばされ、無益な殺生を禁じている仏教の戒律を無視し、生贄《いけにえ》のヤギが血を流し、ヒンドゥー教のシヴァ神の象徴である男根が置かれていたのだった。

佐々井さんは激怒した。仏教の聖地であることは政府も過去に認めているのに、なぜヒンドゥー教徒が好き放題に荒らしているのか。その後、調べて分かったことは、ヒンドゥー教徒のなかではブッダはビシュヌ神の化身という間違った解釈がなされていた。もちろん、世界中の仏教徒からの寄付や観光客がブッダガヤに落とす金が流れ込んでくるので、手放したくないという事情もあっただろう。

「それで俺は仏教徒の手に取り戻すべく、国に抗議をしようと考えた。しかし、自分ひとりが国会に乗り込んでもダメだ。国籍取得の時のように民衆の力を借りなくては。それでトラック10台に分乗して300人以上の仏教徒と僧を乗せて5000キロの大キャラバンをしてな。ボンベイからナグプール、ボパール、アーグラと寄りながら演説し、仏教徒と交流しながら皆でブッダガヤの現状を考えながら突き進んだ」

仏教徒の村でトラックが止まるたび、村人が大歓迎してくれ「頑張って行ってきてくれ！」と泊るところや食事を提供してくれる。

しかし、ここはインド。途中でトラックが故障したり、豪雨で道が陥没していたり、さらには山賊が出てきて襲われそうになったりと何ひとつ、スムーズにいかない。しかし、熱い信念を持った仏教徒たちは文句も言わず一致団結し、地獄道を潜り抜けデリーに到着した。インド各地から駆けつけた数万人の仏教徒と合流し、大集会を開いて、当時、首相だったラーオに嘆願書を渡した。キャラバンがついにブッダガヤに辿り着くと佐々井さんは、大群衆が見守るなか、「他の宗教は自分たちが大切な聖地を管理しているのに、仏教だけが管理できない。全世界の仏教徒にこの問題を訴え、広めていこう」と呼びかけた。

もちろん、一度のキャラバンですんなりヒンドゥーがブッダガヤを返してくれるわけがない。このあと、佐々井さんは足掛け8年かけて10回以上の大規模なデモや座り込みなどの奪還闘争を行うことになる。

「座り込みの傍ら、新聞記者に連絡したり、大臣と交渉するべく面会を申し込んだり。毛布や水、食べ物やテントの手配のため、あちこち駆けずり回った。だいたいインド人は『俺もやるぞ！』と鼻息荒く参加はするが、手ぶらで来るんだから！　外の座り込みは大変なんだ。夏は50度近くになるし、冬はぐっと冷え込む。雨期には蚊も飛び回るしな」

毎年やって来る台風のように、「また今年もあいつがやって来た」と歴代の首相は頭を抱えた。国籍を与えたことに感謝し、少しはおとなしくしてくれるかと思えば、今度は奪還闘争で大旋風を巻き起こす。モーセのように、ある時は2万人ものインド人を引き連れ、またある時はデリーの路上で5千人の信者とともに何ヶ月も座り込みをし、15キロの大渋滞を作ってしまう怪僧ササイ。

それでも飽き足らず首相官邸に乗り込んで抗議したりと、暴力以外のありとあらゆる手段で訴えてくる。秘密警察につきまとわれ、バリケードを組まれ、銃をつきつけられてもひるまない。インドの報道陣は首都やブッダガヤにたびたび姿を現すササイという不屈の日本人僧の素性について知りたがった。

奪還闘争も数を重ねるたび、仏教徒の関心も高くなり、どんどん規模が大きくなっていった。私は若い頃、ブッダガヤを訪れながら、その聖地がヒンドゥーの手中にあることを佐々井さんに聞くまで知らなかった。おそらく他の日本人もそうだろう。

「まあ、一般の観光客なら、まだ知らなくても仕方がない。しかし、お前、ちゃんとこのことは書いておくんだぞ！　俺が一番、歯がゆいのは、坊主でいながら、何の問題意識も持たない、日本を含めた各国の仏教界だ。各国が大菩提寺の周辺に寺を建て、自国の巡礼者の世話をしているのに、肝心のブッダガヤ問題には抗議のひとつもしない。まだ復興したばかりでヨチヨチ歩きのインド仏教徒たちのほうが、他のアジア諸国の仏教徒に比べ、ずっと聖地奪還のために心血を注いでいるではないか」

しかも、その活動の中心となっているのが、地位や学歴のある者ではなく、貧しく教育もろくに受けることができなかったアウトカーストの人々だ。彼らは闘争を経て着実に成長し、「ササイに続け！」と上を向いて歩むようになったのだ。アンベードカルの思想を受け継ぐインド仏教徒が育っていることは佐々井さんの一番の喜びだった。それをさらに実感したのが、インドが核実験を行った１９９８年のことだ。

「バカ首相、でてこーい！」

最初のデモから6年後の1998年も、佐々井さんはブッダガヤで、座り込みを続けていた。日本ではお釈迦様の誕生日である4月8日を花祭りと言って祝うが、インドでは5月の満月の晩、その日をホーリーマンと呼んで祝福する。デモの最中であっても、お祭りが好きなインド人たちは世界平和を祈りながら、踊ったり歌ったりと賑やかに過ごしていた。

佐々井さんはこの日を聖地奪還の日と決め、菩提樹の下で「全世界の仏教徒よ、団結せよ！」と呼びかけた。ところが、翌日の新聞の1面には、世界平和を願って座り込みを続ける佐々井さんら仏教徒の写真とインド政府がラジャスターンの砂漠で地下核実験を行ったという2つの相反するニュースが並べて掲載された。

「俺はカーッ！　として頭に血が上った。腹わたも煮えくり返った。日本に落ちた原子爆弾の悲惨さはインド人も知っているはずだ。すぐにでもひとり、ここから1000キロ離れたデリーの首相官邸に乗り込んで抗議したかったが、座り込みの真っ最中に何万人もの人を置いて抜け出すことはできない」

ところが、である。首都デリーにいた約300人の僧と信者たちが核反対を叫びながら、市内を行進したという一報が入ってきた。大きく取り上げられた記事を見ながら、佐々井さんの指図を受けずとも弟子たち自ら考え、平和のため行動してくれた立派な姿に感動し涙した。

「こうしてはいられない、弟子たちを俺も援護射撃するぞと、ブッダガヤの座り込みを終えるや否や、そのまま坊さん連中とデリーまで無賃乗車で行ったんだ」

「お坊さんが無賃乗車⁉」

「ああ、金はないんだもの。しかし、男たるもの行かねばならぬ。結局、方々から5千人くらい集まったかな。行けるところまでタッタッタと仏教旗を振りながら国会議事堂に向かってデモ行進をしたんだ。俺は仏像とともにトラックの荷台に仁王立ちだ。そしたら、何百人ものヘルメットをかぶった機動隊が盾を持って銃を一斉に俺に向かって突き付けた」

「ええ？　お坊さんに銃……もはや非常事態ですね」

「どこかから『仏像、ぶち壊すぞー！』『鉄砲、撃つぞー！』と怒号も飛び、デリーは大騒ぎになった。だが、俺はひるまん。ササイは武士らしく死ぬ覚悟だ、行けー、撃つなら撃てと！」

大きな銀行や官庁など国の中枢が集まっている大通りは騒然となった。このあたりは、上位カーストのエリートサラリーマンや官僚も多い。仏像に坊主に銃にバリケードという物々しい事態に、多くの人たちが何事かとビルの窓から顔を出す。あともう少しで国会に辿り着けるというところで、何重ものバリケードに阻まれた。佐々井さんは、拡声器を使ってありったけの声で叫んだ。

その第一声は「こらー！　バカ首相、でてこーい！」である。いくら抗議でも、首相をバカと言う男は佐々井さんくらいのものだろう。高層ビル街はシーンと静まり返った。

「俺は世界で唯一、被爆体験をした日本から来たシューレイ・ササイである！　原爆を落とされたヒロシマ、ナガサキでは、今だに原爆による病で苦しんでいる人がおるのだ！　お前は、よりにもよって平和の使者であるブッダが生まれた満月の日に、戦争の挑発をするのか？　ブッダは笑っているぞ！　人殺しの道具で何万人も罪なき人を殺すのであれば、俺ひとりを撃つんてわけないだろう！　撃つなら撃ってみろ！　この大バカ者、でてこーい！」

岡山で暮らしていた少年時代、隣の広島から逃れてきた人に聞いた原爆の恐ろしさと悲惨さを昨日のことのように思い出しながら、声を振り絞って大演説を繰り広げた。すると、機動隊のバリケードが突然、パカッと開いた。その間から警察の特別車が佐々井さんの前までスーッとやってきて官邸の職員が出てきた。国会までお連れするという。

「首相と話をさせるというから、おう、殺されても構わん、乗ってやる！　と。俺とあと4人の坊主が乗り込んでな、バリケードからさらに3キロくらい車で走っただろうか。それなのに、着いてみたら首相は中国に行っていて不在だという。本当はおったかもしれない。インド人はかわすのがうまいからな。核反対の嘆願書を首相に渡しておけと秘書に預けたが、議員たちはさぞ驚いたであろう」

佐々井さんと仏教徒の抗議行動は、テレビのニュースや新聞の全国紙で取り上げられ、一般市民にも特大のインパクトを与えた。

「なぜなら、核実験をやったとき、何も知識のないインド国民たちは、『やったー！　インドはすごい！　隣のパキスタンよ、見たか！』とばかりにはしゃいでおった。しかし、我々の行動によって、『ああ、核は人殺しの道具なのか』と気が付いた奴も多かったに違いない。宗教を問わず、核や戦争についてインド人ひとりひとりが考える機会になってくれたらいい」

街宣車に堂々と戻ってきた佐々井親分を、仏教徒たちは大歓声で迎えた。それから佐々井さんについたあだ名は、〝インド政府・バンテージ〟。もうひとつのインド政府という意味だ。佐々井さんが嘆願や抗議にやってくるたび、歴代の首相は「あー、またあの小うるさい〝インド政府〟がきた！」と震えあがった。

相手がどんなに嫌がっても、佐々井さんは猛進する。「俺には相手がどう思おうと関係ないんだ、間違いだと思ったら前しか見えない。何しろ、俺はイノシシ年生まれなんだから」と白い入れ歯を見せてニヤッと笑った。

インド政府の計算違い

走り出したらいつまでも止まらない男。そんな佐々井さんに、２００３年、政府から一本の電話がかかってきた。「マイノリティ・コミッション（少数者委員会）の仏教徒代表になってくれ」という依頼であった。それは、ヒンドゥー教以外の少数派の宗教であるイスラム教、シーク教、仏教、キリスト教、ゾロアスター教のそれぞれの代表5人からなる政府機関である。

　各代表には、副大臣級の地位が保証され、首相や大臣とも直接、話ができるし、家や車も与えられ、飛行機もタダで乗れる。宗教差別で学校や職場を追われた人や寺を壊された村からの陳情や、宗教対立の仲裁など、宗教と人権に関するありとあらゆることが仕事となる。

「なぜ、政府に歯向かってばかりの佐々井さんが選ばれたのでしょうか？」

「そこが日本とは違うところよ。威光が欲しい坊さんなら、その椅子はぜひとも引き寄せたい。政府はその椅子を与え、恩に着せれば、俺がしおらしくなるかと思ったらしい。ははっ、そんなわけがあるか！」

「まあ……椅子が欲しいお坊さんは、首相に『ばか』とは言わないですよね」

「そのとおりだ。俺は全国、駆けずり回って忙しいから、仕事が増えるのは面倒くさいし、権力なんて柄ではないと思ったが、いや、まてよ、と。ブッダガヤで座り込みを10年やったがヒンドゥーから取り戻せなかった。しかし、要職に就いたら、今度は直接、首相や大臣に会って、直談判できるようになる。それで引き受けた」

「うーん、国籍あげても佐々井さんは変わらなかったのに、インド政府は学習しなかったのかな。むしろ鬼に金棒をあげてしまったような」

「おう、百万力だ。俺はその金棒を民衆と仏のためにフル活用したんだ。俺の中身は地位があろうとなかろうと一緒だ。高尾山のお師匠さま、山本貫主には『仏教者である限り、どんな高い地位を得ても、苦しんでいる人のために尽くすのが義務だ』と叩き込まれたんだから」

ちょうど佐々井さんが就任する前年に、ブッダガヤの大菩提寺がユネスコの世界遺産に登録された。本来ならば、遺跡を保護するため、近くにホテルやレストランを建てるのは厳しく制限される。ところが、これを機に観光客をさらに呼び込もうと、遺跡の周りに宿泊施設がどんどん建てられてしまった。

「袖の下が効いているのか、政府は何も言わないんだ。いくら抗議してもダメ。ユネスコは『建てないと約束したのに、どういうことだ！』と激怒した。それで、俺はジュネーブに資料の束を抱えて飛んでな、ユネスコにヒンドゥー教の奴らの数々の非道を訴えた。その時は、ユネスコの幹部たちが感激した様子で聞いてくれて、協力すると言っていたが、結局、未だに何もしてくれない」

インド政府も嘘ばかり、座り込みを続けても変わらない、ユネスコに訴えても骨折り損であった。しかし、佐々井さんは、コミッションの3年間の任期を終えた後、今度は、最高裁判にかける準備をしているのだという。

「もうあの手この手だ。裁判には莫大な金もかかるし、俺が生きているうちに、ブッダガヤが仏教徒の手に戻るかは分からない。俺が死んだ後になるかもしれん。しかし、生きている限り決して諦めず、人と仏に尽くして死ぬ。これが日本男児の本懐だ。まあ、後は残された者がどうにかするだろう」

佐々井さんが岡山で生まれてから今に至るまでの長い長い半生を話し終えたところで、インドラ寺の佐々井さんの部屋に、「バンテージ、助けて〜！」と、いつものように陳情の人がどやどやと押し掛けてきた。佐々井さんは、「はぁ〜」とひとつため息をついて、「地位はあってもなくても、毎日、毎日、俺は生き血を吸われているような気分だ」と苦笑いした。

第12章　だまされても、だまされても

日本の有名な怪僧といえば一休さんこと一休宗純《そうじゅん》がパッと頭に浮かんでくる。師匠の死にショックを受けて自殺未遂をした青年時代、室町時代の仏教界の金満体質や派閥争い、権威主義を批判し、身分を越えて人気があった逸話の数々は、今の佐々井さんと重なるところもある。

もっとも一休さんは仏教で禁じられていた酒を飲み、肉を食べ、女と暮らし、仏像を枕に昼寝をしたり、髪もボサボサで杖の頭にドグロを彫り練り歩いたというから、佐々井さん以上にアヴァンギャルドかもしれない。

さて、ここまで現代の怪僧、佐々井秀嶺の怒濤の半生を振り返ってきたが、そろそろ現代に話を戻そう。２０１８年3月、私が二度目のインド取材をはじめて数日が過ぎた頃、佐々井さんが郊外に行く用があるというのでお供することにした。ナグプールの市内を抜け、土埃が舞

う道を車はガタゴトと進む。これから向かうのは、コンダサオリ地区のラックホスピタルだという。　佐々井さんは車のダッシュボードに足をドーンとのせ、腕組みをして親分然としている。

そして、外の景色を黙って見つめていた佐々井さんは、突然、「♪し〜ば〜し〜、わ〜かれ〜の、夜汽車の窓を〜」と大きい声で歌い出した。誰の曲か聞くと、大好きな女優、香川京子主演の映画「高原の駅よさようなら」の主題歌だという。

「草原を舞台にしたさわやかな恋物語で、若い頃に見た忘れられない映画なんだ。香川京子の大ファンだったからな、俺は」。しかし、目の前に広がっているのは、雄々しいばかりに赤茶けた、どちらかというと西部劇のテーマが似合う荒涼としたデカン高原だ。

「ところで、今から行く病院には誰か入院でもしているんですか？」

「違う、お見舞いじゃない。俺が建てた病院の視察だ」

「へえ、インドではお坊さんが病院も経営するんですね」

「したくてしてるわけじゃない。しかし、そんなことをするのは俺くらいだ。そう書いとけ！」

そう言い放って、今度は、上機嫌で「♪リル、リル、どこにいるのかリル、だ〜れ〜かリ〜ルを知らないかぁ〜」と「上海帰りのリル」を歌い出した。これも香川京子が出演している映画の主題歌だという。佐々井さんは昔、浪曲で鍛えていただけあって声がいい。取材を中断し、手拍子で合いの手を入れているうち、車が幹線道路からそれ、綿畑の中に入っていった。
するといきなり前方に2階建ての薄紫色に塗られたコンクリの建物が見えてきた。綿畑に囲まれた病院の中はガランとしており人の気配がない。

「おーい！　誰かいるのか！」と佐々井さんが声をかけると、綿畑の横にある小さな小屋から村人のおじさんが一人出てきて、「今日、ここの医者の息子が病気になって、大きな病院に連れて行ったので、朝から医療スタッフは誰も来ない」と説明している。

佐々井さんはさみしそうに、「あー、人の子は診られても、自分の子は診られないもんなんだな。たった一人しかいない医者が来ないと病院も開店休業状態だ」とつぶやいた。

部屋がいくつもある大きな病院なのに医者が一人とは、ずいぶん少ない気がする。30年前、27エーカーの土地を佐々井さんが購入し、それからこの立派な病院を建てた10年前には、医者3人、看護師3人を雇っていたという。政府の病院よりもいい薬を出すと評判が良く、患者も遠くからわざわざ来るほどだったので、開業当初はたいそう繁盛していたそうだ。

その後、佐々井さんはブッダガヤ奪還闘争で多忙を極めるようになり、病院の経営は片腕の弟子に任せるようになった。病院が儲かれば、そのお金で孤児院や学校、僧院を建てられる。いずれ、ここを仏教徒の一大拠点にしようと考えていたのだ。

ところがその片腕の男が病院の利益を全部、掠め取って逃げてしまったという。それで医者やスタッフ全員に給料を払えなくなり、今は医者を一人しか置けなくなってしまったのだとか。

かつては繁盛していたラックホスピタル。周りは綿畑でのどか。

「佐々井さん、その片腕だった弟子は、最初から悪い奴だったのでしょうか？　それとも金を扱っているうちに目が眩んでしまったのでしょうか？」

「それは分からない。俺は驚いて裁判を起こした。最近、判決が出たので、今はほんの少しずつだが金は返ってきている。また誰かに任せると騙される可能性があるので、今は俺が直接、村人を雇い、綿畑や牛の世話をさせているんだ」

「なぜ、病院の周りに綿畑を作るんですか？」

「何もせんと土地が荒れるからだ。綿の木を植えてコットンを収穫し、金にしようとしたんだけど、人力だけで耕作するのは大変だから、農業用の牛を3頭買った。1頭3万5千ルピー（5〜6万円）もするからな、結構牛も高いんだ。しかし、エサが買えなくて牛は痩せてしまった。ほら、エサをくれと今もモウモウと鳴いているだろう」

「ほんとだ、牛はガリガリですね」

「ああ、ひもじい思いをさせてしまい、かわいそうで。だからエサ代として、昨日、収穫した綿花を売った。たいした金にはならなかったが、午後にもエサが来るだろう」

そこへ一台の高級車が軽快なエンジン音とともに近づいてきた。お金持ちそうな中年夫婦が降りてきたが、窓を開け、佐々井さんと言葉を交わすときびすを返して去って行った。

「今の人たちは患者さんでしょうか？」

「いや、ちょうど隣の土地が売りに出されていて、見に来て迷ったらしい。俺が若かったら買い足したんだが。ここは、こんなにさびれてしまった。あーあ、佐々井秀嶺、騙されっぱなしの人生よ。しかし、騙されても、騙されても、俺はまた立ち上がる。それが人生だ」

そう言って、佐々井さんはゴロンとソファに横になったので、私はそっと牛小屋に向かった。疲れたから寝たのかと思ったが、佐々井さんは、また「♪吹けぇ〜ば飛ぶよ〜な将棋の駒にぃ〜、賭〜けた命を、笑えば笑え〜」と歌い出した。振り向いて、「それ、何の歌ですか—？」と聞くと、「お前は、村田英雄の『王将』を知らんのか！」と怒られた。佐々井さんは興が乗ってきたのか、ますます声を張り上げ、「♪あのぉ〜手この手の思案を胸にぃ〜、や〜ぶれ長屋でぇ〜、今年も暮れたぁ〜」と、ダミ声をインドの綿畑に響きわたらせている。

刈り取られたばかりの綿畑は殺風景だが、時々、鳥の声が聞こえ、牛がモーと鳴く。「今日の密着取材は平和で牧歌的だなあ」と、牛の写真を撮り始めた矢先、佐々井さんの携帯の着信音が綿畑にピロピロと響いた。受話器片手に何やらがなり立てていたかと思うと、大声で「おいっ、緊急事態だ！　すぐに戻れ！」と怒鳴っている。

「ナグプールには帰らない。今すぐマンセルの寺に行くぞ！」

「遺跡のふもとに建てた龍樹菩薩大寺ですか？　どうして急に？」

「秘密警察が来るんだ、ササイを呼んでいる」

「インドの秘密警察？」

「アメリカのＣＩＡみたいなもんだ」

鼻息荒く車に飛び乗った佐々井さんは、「国家権力との対決だ！　お前、よく見ておけ」と吠えるのだった。

門番は殺人犯

佐々井さんの取材で平和な日はありえないのかもしれない。行きの車では、切なく甘い香川京子出演の純愛映画話で盛り上がったが、ここから先は一転。幹線道路に出ると、佐々井さんが「どんどん、抜かせ！」と運転手を煽るため、スピルバーグ監督の映画『激突』さながらのカーチェイスが始まり、私は生きた心地がしなかった。

初老の運転手が反対車線に出てスピードをグーッと上げ、正面衝突しそうになるギリギリまで元の車線に無理やり車をねじこむ。一歩、間違えれば即死だ。

「佐々井さん、やめて！　ぎゃー‼　ぶつかる‼　運転手さん、安全運転でお願い‼」

「マ、マダム、ソ、ソーリー……」

「お前はぎゃーぎゃーうるさいな。日本人にはマネできないだろ。インド人はドライブテクニックがすごいんだ。はっはっは！」

佐々井さんは得意気に笑うが、とんだ暴走坊主である。今まで事故に遭わないのは、よっぽど仏様に守られているのだろう。マンセルが見えてきた時には叫びすぎて喉がカラカラだった。壮絶なカーチェイスを経験するともはや国家権力などどうでもよくなってくる。

死ぬ思いで龍樹菩薩大寺に辿り着いたが、まだ秘密警察は来ていないようだ。寺の階段を上がると、龍樹連峰の峰々が見える。佐々井さんが車を降りると、寺の管理人のアグリマーラさん夫妻が佐々井さんの元に駆け寄ってきた。

今から3年前、私が初めてこの寺と裏の龍樹山の遺跡を訪れた時もアングリマーラさんが出迎えてくれ、門の横にある自宅に招いてくれた。ずいぶん前だから覚えていないだろうと思ったが、その時、写した家族写真を渡すと顔をクシュとして「あー、覚えてる！」と喜んでくれた。筋骨隆々だが、ニコニコして優しいお父さんだ。

しかし、その正体は元スリの大物であり、なんと30人もの敵を殺した殺人犯というから人と

龍樹菩薩大寺。佐々井さんの活動に感銘を受けた日本の老婦人が出資を申し出てくれたという。

いうのは分からない。今の穏やかな顔からは全く想像できないが、若い頃は相当、ワルだったそうで、敵対する強盗組織の出入りに巻き込まれたとき、バッサバッサと何人もまとめて切り捨てたことがあったという。

日本なら死刑確定だろうけれど、捕まるたびに警察に袖の下を渡して逃れたのだとか。しかし、アングリマーラさんは仲間たちから仏教の教えを知ることになり、次第に自分の罪を悔やむようになった。その仲間というのは貧しい者ばかりで、仏教徒に改心した者が多かったのだ。

ではどうして、刑務所に行かず、ここで門番をすることになったのか。それがインドの不思議なところだ。アングリマーラさんは、自分が小さい頃から太鼓を叩いて村を回ってい た佐々井さんのことを知っており、何度か近づこうとした。しかし、佐々井さんの強烈な存在感に圧倒され、恐ろしくて何も言えない。何しろ、すべてに命がけ、怒るとドスが効いて迫力がある。インドの凶悪なヤクザ以上に怖いのだという。30人殺しの殺人犯に恐れられる僧侶ササイとはいったい何者なのだろう。

ある日、アングリマーラさんは思い切って佐々井さんに今までの罪を告白し、僧になりたいと想いを打ち明けた。

「こいつの正体を知ってな、さすがの俺も驚いた。それで俺が警察に行って話をつけて引き取った。性根は悪い奴ではない。小さい頃は成績もよかったが、差別や貧困から犯罪に手を染めた。そんな奴はインドではごろごろしておる。しかし、心から改心した者を俺は見捨てない。インドの坊主なんて、元は荒くれものばかりだ」

「裁判にもかけないで、引き取れるものなのでしょうか?」

「ああ、そこがインドだ。なんとかした。お前には分からんだろうが、この国は今も無法地帯だ。暗殺屋はおるしヤクザも多い。しかし、仏教徒になるなら武器は捨てないとならない。佐々井がどうにもならない不良を束ね、改心させ、世の中を良くしていると、今ではインドの警察に感謝されておる。葬式でお経を唱えるだけが坊主の仕事ではないぞ」

結局、アングリマーラさんには妻子がいるので僧にはなれなかったが、佐々井さんはヒンドゥー教徒が狙うこの龍樹山の入り口に、最強の門番として夫妻を雇った。「バンテージはマイゴッド」と、命がけで民衆を守る佐々井さんに、夫妻も命を賭けて仕えている。そういえば、3

年前の大改宗式では、静かな日本のお坊さんとは違ったインドのお坊さんの迫力に圧倒された。そのコワモテ集団の中心でも、眼光炯々《けいけい》とダミ声で吠えて新人坊主を震え上がらせている佐々井さんなんて、ほとんどヤクザの大親分にしか見えなかった。

アングリマーラさんが寺の奥からパイプベッドを運んできて、寺の入り口の階段の上に置いた。「ここからの眺めはいい」。そう言って、佐々井さんはゴロンと横になった。続いてサリーを着たアングリマーラさんの奥さんがチャイを運んで来てテーブルに置き、佐々井さんの足元に額を付けて三礼した。

「この奥さんもな、すごい人なんだ」

「へえ、かつてはヤクザの姐《ねえ》さんですから修羅場もあったでしょう」

「ああ、家に敵がナタを持って乗り込んできて、夫を殺しに来たとき、間一髪、奥さんが夫を裏口から逃がして、かわりに敵のナタを受けたんだ。だから小指がない」

佐々井さんにうながされ、奥さんが恥ずかしそうに指を見せた。確かにすっぱり切れている。結婚指輪を見るならともかく、敵と戦った指の傷を見るのは初めてだ。私が「ほんとだ、ない！」とびっくりしていると、佐々井さんはおかしそうにアングリマーラさんにも声をかけた。

「おい、アングリマーラ！　おまえもこいつに腹の傷も見せてやれ」

私は恐縮したが、アングリマーラさんはなぜか嬉しそうにシャツを脱ぎ、腹だけでなく背中にも残る痛々しい傷跡を見せるのだ。

「うわー、痛そう……」

「はっはっは、この夫婦はすごいだろ！」

秘密警察のことなどすっかり忘れて、盛り上がっていると、門から本堂に続く荒れた道をワイシャツの男がこちらに向かって歩いてくるのが見えた。佐々井さんが、むくっと起き上り、立膝をついて「来やがった」とつぶやいた。

秘密警察はひとりでやって来た

秘密警察の男はたったひとりでやって来た。てっきりパトカーにでも乗って大勢で攻め込んでくるのかと待ち構えていたのに、思わず拍子抜けした。もっとも車はどこかに置いて、部下を密かに待たせているかもしれないが。

「お前は秘密警察と渡り合ったことはないのか？」

「普通の人生では、そんなことはまずありません」

「奴らは一人で来るんだ。目立ってどうする。そうだ、お前は、絶対にパラリガール（ジャーナリスト）と言ってはいけない」

「私、隠れていたほうがいいでしょうか？」

「何を言う、旅行に来たとニコニコしてここに座っておけ」

歩いてやって来た秘密警察は保険屋のおやじのようだった。

泣く子も黙るインドの秘密警察、対するは1億5千万人を率いる反骨の日本人老僧。どっちも曲者なのは間違いがない。激論の末、もしかして刺したり刺されたりと大乱闘になるんじゃないか。佐々井さんに何かあったら、30人殺しのアングリマーラさんが黙ってはいないであろう。

いろいろ考えているうちに、秘密警察がすぐ近くまでやってきた。背が高くほっそりとして、歳は40くらいだろうか。笑みを浮かべて穏やかそうな顔をしている。

さっきまで怖い顔をしていたはずの佐々井さんだったが、振り返ると満面の笑みで「やあやあ」と旧知の仲のように秘密警察を迎え、ふたりはがっちりと握手を交わす。

「バンテージ、お会いできて光栄です。私も仏教徒なんですよ」

「おう、そうか、それなら安心だ」

「ではさっそくお名前を……」

なんだろう、この雰囲気は？　私は拍子抜けしてしまった。まるで契約更新に来た保険屋のおやじのような雰囲気だ。秘密警察が椅子に腰かけ、調書を作り始めると、アングリマーラさんの奥さんが、山盛りのラスクを運んで来てくれて「食べなさい」と勧めてくれた。

佐々井さんと秘密警察は手をつけないが、朝食以降、何も食べていないのでさすがにお腹がすいて、遠慮なくボリボリと食べ始めた。私がラスクにスッと手を伸ばすたびに秘密警察がなぜかビクッと肩を震わせる。

「生まれ年は？」

「１９３５年！」

「生まれた場所は？」

「ジャパン！」

「最終学歴は？」

「聴講生だけど、タイショウユニバーシティ！」

「え？」

「タ・イ・ショ・ウ！」

「ターショー？」

英語とヒンドゥー語のちゃんぽんで会話していた佐々井さんが、発音がなかなか通じずイライラし始めたので、秘密警察のおじさんに「私が書こうか？」と代わって書類を書き始めたら、「こら！　お前、何を秘密警察に協力しておる！」と佐々井さんに日本語で怒鳴られた。「佐々井さんの滑舌が悪いから、さっさと終わるように協力しているのです」と言い返すと、「この入れ歯が合ってないいんだ！」と口をパカッと開ける佐々井さん。秘密警察が佐々井さんをなだめ、アングリマーラさん夫妻が笑いだした。

ニッティコーティ

ようやく調書を取り終えた秘密警察は笑みを浮かべ、佐々井さんと別れの握手を交わし、「今日のところはこれで」と、東風の吹く荒野の参道を歩いて戻っていった。

「ところで、秘密警察は何の容疑で来たんですか？」

「ＲＳＳのやつらが仕掛けた嫌がらせよ」

「ＲＳＳ？　あのヒンドゥーの過激派ですか？」

「社会運動団体を装っているが、あいつらはテロリストだ。ヒンドゥー至上主義者の集まりで、インド最大の秘密結社を持ち、ナグプールにも事務所がある。急増する仏教徒が気に食わないから、俺が陰謀を企てていると秘密警察に偽りの密告をしたらしい」

「でも、秘密警察のおじさんは仏教徒だって言ってたし、そうした事情は分かっているんじゃないでしょうか？」

「ふん、仏教徒なんて本当かどうか。こっちの気をゆるめるために嘘をついたのかもしれん。インドには、〝ニッティコーティ〟という世渡り術があってな。敵には、あえて友達のようにして近づいて、本心とは逆のことを言う。道化役者を演じ続けて最後に騙すんだ。俺は50年間も騙されてきた。特に高カーストのインド人は狡猾だ。嘘ついたり権力にすり寄ったりする」

「それでも……世界の目があるし、昔ほどひどくはないんじゃないでしょうか？」

「それが今、インドでは時代と逆行する人権侵害が行われておる。インド人なのに、国教であるヒンドゥーを信じないというのはけしからんと改宗禁止令を出す州が増えているんだ。宗教だけではない。経済も政治も貧乏人の味方をした会社もみな倒された。しかし、俺は牢獄に入ろうと毒を飲まされようと屈しない。真実を追求し、仏教者としての使命を全うし、堂々と死ぬ。それが武士道というものだ」

門まで秘密警察を見送ったアングリマーラさんが、今度は娘夫妻を連れ、生まれたばかりの孫を佐々井さんに見せにやって来た。知らないおじいさんに抱かれたらワーッ！と泣くかと思いきや、赤ちゃんはキャッキャッと笑いはじめた。佐々井さんは顔をしわくちゃにして、「私が純真であることは子供には分かる。だから子供は俺が近づいても泣かないんだ。この子はな、俺の誕生日と同じ日に生まれたんだぞ。すごい男になれよ～」と目を細めた。

あまりにも幸せなインド人一家を見つめながら、私は複雑な気持ちになった。もし私が家族を殺されたら、犯人には死刑になってほしいと思う。けれど、死刑になったら、この娘さんが生まれることも、孫がこうして笑っていることもなかっただろう。

アングリマーラとは彼の本名ではない。佐々井さんが与えた法名だ。その昔、人の指を落とし、首飾りにした大悪人アングリマーラをブッダは見捨てず改心させた。佐々井さんに救われたアングリマーラさんも、仏教徒のために尽くす人生を送っている。罪を裁き、恨みを晴らすのではなく、罪人を改心させ世に役立たせる。負の連鎖をプラスの連鎖に変えていく。それが本当の宗教家の力なのかもしれない。

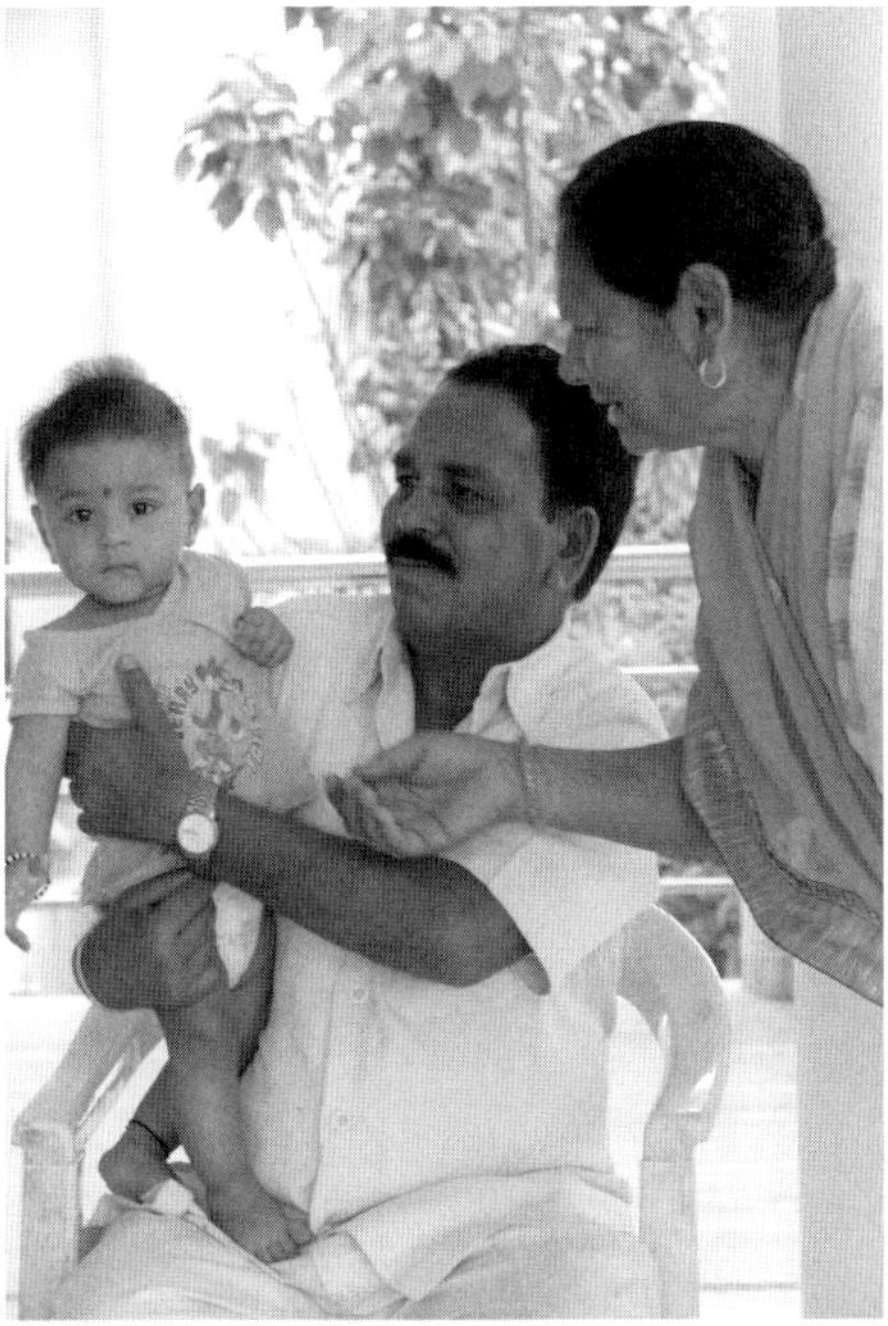

幸せそうなアングリマーラ夫妻と孫。孫は、佐々井さんと同じ日に生まれたとか。

第13章　デリーのアジトで

朝、起きて二階のテラスから下を見ると、下の僧院の若いお坊さんが、ヘッドホンで音楽を聴きながら、小鳥にエサをやっていた。のんびり鼻歌を歌っていたので、「今日はお休みなの？」と聞くと、朝はいつもこんな調子なのだという。

それに引き換え、高齢の佐々井さんは目の回る忙しさだ。3年前に取材したときは、大改宗式があるから忙しいのだと思っていたが、普段の佐々井さんも同じだった。

しかし、もう80歳を過ぎており、いつどうなるか分からない。インド人に後を任せられるよう、少しずつ仕事や経営を譲渡しているそうだが、またお金を持ち逃げされる可能性もあり、全てを託すにはまだまだ時間がかかるという。

「佐々井さんの後継者はいないのですか？」

「俺の代わりになる奴などおらん。男一代で終わりだ。ブッダガヤの奪還闘争に仏教徒の地位

2015年の大改宗式での得度式。新人坊主に大親分の佐々井さんが睨みを効かせる。

向上など、やることは山積みだ。だからまだ死ぬわけにはいかん」

あの〝死にたがり〟の人間失格青年が〝生きたがり〟の任侠坊主へ。しかし、「死にたい」と言えば、周りの人が「生きろ」と励ました青年時代と違って、今は「もっと生きたい」と願っているのに常に命を狙われる身となった。

秘密警察との対決を終えた後、佐々井さんから「3日後、アーグラで仏教徒の大きな集会がある」と告げられた。アーグラといえば、デリーから南東へ200キロほどのウッタル・プラデーシュ州最大の都市で、タージ・マハールで有名な観光地でもある。

「式が行われるウッタル・プラデーシュ州には、不可触民の家に生まれたカンシ・ラムという絶大な人気を誇る政治家がおって、不可触民の地位向上のために尽くし、第二のアンベードカルと言われていたんだ。頭が良かったが差別されて、アンベードカルや仏教に傾倒し、『いずれ自分も仏教に改宗したい。そしていつか国の首相になった時には我が国を仏教国にしたい』と俺に言ってくれた男でな。この魑魅魍魎《ちみもうりょう》としたインドでは心から尊敬できる友人であった」

「その人は今どこに？」

「２００９年に亡くなってしまった。毒を盛られたのではないかという噂もあるが、真相は分からない。とにかく、そのカンシ・ラムに仕えていた忠実な弟子３人が、先日、わざわざナグプールの俺のところまで来て、アーグラの仏教大会に来て欲しいという。しかし、いくら盟友、カンシ・ラムの遺志を継ぐ者の頼みでも俺は行きたくない。そう何度も断ったんだ」

「ナグプールから遠いからですか？」

「違う！　陰謀が渦巻いておる。敵地に乗り込むようなものだ。俺は暗殺されかねん」

陰謀に暗殺⁉　予想しなかった言葉を聞いて思わず目を見開いた。

「そういうわけで、同行するお前も狙われるかもしれん」

「ええっ、私も⁉　お邪魔でしょうし、ナグプールで佐々井さんを待っているつもりです」

「何を言う！　ジャーナリストのお前には俺の全てを見せる必要がある！　いいか、絶対に自分の名前もパラリガールとも言ってはいかん。どこから来たか聞かれたら、デリーともナグプールとも言わず、この近くに住む日本人の家からだと答えろ」

大改宗式に紛れ込んでいた過激派のおじさん、名札を外し忘れて捕まる。

「えー、まだ死にたくない！　暗殺とかほんとに無理〜」

「こら、俺は腹をくくっている。パラリガールならお前も腹をくくれ！」

陰謀と聞いて、私は2015年に取材したナグプールの大改宗式の出来事を思い出した。得度式を終え、壇上から降りる佐々井さんにスッと手を差し伸べた男女がいた。佐々井さんはサッと顔色を変え、男の胸ぐらをとって怒り出した。傍《はた》から見れば、高齢の佐々井さんを介助しようとしたように見えたが、後で聞いてみると、仏教の大会に紛れ込んだヒンドゥーの過激派、RSSだったのだ。

手を取るふりをして突き落とそうとしたのか、別の場所にこっそり誘導しようとしたのか、真意は分からない。なぜ彼らがすぐにRSSと分かったか佐々井さんに聞くと、驚くべきことに「RSSのバッチをつけていた」そうだ。バッチを取り外すのを忘れたのだろうか？ずいぶん、ツメの甘いテロリストたちだ。ともかくその二人は取り囲まれ、僧侶たちによってつまみ出された。

佐々井さんによると、そんなことは日常茶飯事らしい。そして今回のアーグラの仏教大会はそんな小悪党ではなく、もっと大きな陰謀が渦巻いている可能性が高いという。いったい誰に佐々井さんは狙われているのか？　またRSSなのか？　心配になって尋ねると、今度はインド仏教内部のある僧侶グループが首謀者らしい。ブッダガヤ奪還闘争をしていた頃、佐々井さんには助さん角さんのような右腕の僧侶、AとGがいたが、そのふたりとその手下の10人が佐々井さんを集会に招待することに反対しているという。

「特にAは頭も切れるし、資金集めも演説もうまい。しかし、次第に自分のために金を集め、権力を欲しがるようになり、俺とは距離を置くようになった。いくら僧でも人の心は弱い。だが、民衆もバカではないぞ。奪還闘争のための資金を集めておきながら、デモもしないで平気で嘘をついているから人気もカリスマ性もない。俺は金がないが、嘘もつかないし民衆のために尽くしている。だからみんなついて来てくれるんだ。俺がインド仏教会の頂点にいる限り、いつまでもトップになれないから、さっさと追い落としたいわけだ」

つい最近もある筋から、Aが佐々井さんを今年の5月に暗殺する計画を立てているという噂を聞いた矢先であった。カンシ・ラムの忠実な弟子たちは、そういうことを全て分かった上で、アーグラで初めて開く大規模な仏教大会に、金や権力にまみれた坊さんよりも、アンベードカル博士やカンシ・ラムの遺志を継ぐ佐々井さんをメインゲストとして敢えて招待した。アーグラの仏教徒も佐々井さんの登場を心から願っているという。

「俺は迷ったが、日本男児たるもの義理と人情は大切にしなければならん。全国の仏教徒や僧侶から『危ないからアーグラには行くな』という忠告の電話がひっきりなしにかかってくる。しかし、俺も男よ、ここで逃げるわけにはいかないと承諾したんだ」

「いや、5月の暗殺計画が早まって、アーグラでやられてしまうかもしれません。飛んで火に入る夏の虫です。逃げましょう」

「ばかもの！　俺の心にはいつも武士道がある。その時はその時。もとより命は捨てる覚悟だ！　お前も黙って付いて来い！」

部屋でおとなしくハトとともに佐々井さんの帰りを待っているだけで良かったのに。まさかこんな生死を身近に感じる取材になろうとは思ってもみなかった。しかし、命がけでアーグラに乗り込むというのは、誇張でもないらしく、佐々井さんの身を心配したインドラ寺の会長のアミットさんがわざわざ仕事を休み、ボディガード役として付いて来ることになった。

モーセに自分を重ねて

出発の早朝、３人でナグプールの空港へ向かったのだが、スーツケースを転がす私たちの隣で佐々井さんはいつもの小さなポシェットをぶら下げただけの超身軽な姿だった。

「あれ⁉　佐々井さん、荷物は？」

「俺はこれだけだ！」

「でも下着とか……」

「ノーパンツ！　ノーふんどし！　いつでも（女と）やれる準備はできている！」

陰謀渦巻くアーグラに行くというのに、早朝からこの下ネタ！　80歳もすぎて、何を言い出すのか、とんでもない坊主だと私が呆れて吹き出すと、アミットさんが「ねえ、アヅサ、何がおかしいの？　訳してよ」と聞いてきた。「フンドシとは日本の古いパンツで……」と解説し始めると、佐々井さんは「おい、こら、アミットさんに言うなよ！」と珍しく慌てた。

いくらインドに中流層が増えているとはいえ、飛行機のチケットを買える人はまだそう多くはない。だから、空港内を歩いている人は、スーツ姿の男性や上質なサリーを着たマダムたちであり、ちょっとしたセレブの社交場のようだ。

そこへ、赤い袈裟《けさ》にサンダルの佐々井さんに、Ｙシャツと革靴で決めたビジネスマン風のアミットさんと、首からカメラをぶら下げ地味な服を着た日本人女という、てんでばらばらな3人組が目立つようで、周りのインド人たちが物珍し気に目で追っているのが分かる。

しかし、その修学旅行のような高揚感もここまで。巨大なデリーの空港に着くと、佐々井さんの顔は一変し、険しい目つきでギロリと見渡し、「おい、誰にも見つからないうちに早くタクシーを探せ！」とスタスタと歩いていく。デリーでは顔が知られているため、敵に見つかると面倒なことになるという。

映画好きの佐々井さん。時代劇も多い。

今から、タクシーで向かうのはデリーにある佐々井さんの隠れ家だ。昔、日本人の篤志家が佐々井さんの活動に感銘を受け、寄贈してくれたという。閑静な高級住宅街の中にある2LDKのマンションには各部屋にシャワーが付いているが、すでに古くなっており、使うことはできない。メンテナンスにかけるお金もないので、お湯がでる部屋はひとつもないようだ。

それでも、連日、陳情に来る人でごった返すナグプールの根城とは違い、とても静かだ。佐々井さんは、調子が悪い時や誰かに狙われている時など、年に数回、この隠れ家を利用するという。広いリビングには佐々井さんのベッドとソファが置かれており、比較的、きれいにしてある。マンションの管理人であるネパール人のおじさんがたまに掃除をしてくれているらしい。

ふと壁を見るとモーセの絵が飾ってあった。1億5千万人もの仏教徒を率いる佐々井さんは、奴隷となったユダヤ人を連れてエジプトを脱出し、何十年も荒野をさまよったモーセの重責や苦悩の人生に自分を重ねてしまうのかもしれない。

奥にある2つのベッドルームに入ってみると、備え付けの家具は立派だが、現在はほとんど物置と化している。帰国時に日本で買ったり寄贈されたりして集めた本やビデオがたくさん並び、任侠モノから宗教、歴史、写真集まで幅が広い。アミットさんと私は部屋の割り振りを決めたが、どちらの部屋も埃だらけで物が散乱しておりそれほど違いはない。それでもハトもおらず窓も割れていないから、今夜は久しぶりによく眠れそうだ。

寝る場所が確保できたら次は食事だ。到着して5分も経っていないのに、佐々井さんは「こら！　お前は早く俺を取材しろ！」と騒ぎ始めたが、「まあまあ」となだめて台所へと向かった。嬉しいことにこのマンションの台所は火が使えるようだ。

私は外の屋台で野菜を買って、日本から持ってきた乾燥の釜揚げ讃岐うどんを取り出し、台所で遅いランチを作り始めた。日本食レストランのような高い店には佐々井さんは行けないし、そもそもナグプールには日本食を食べられる店もないので、ぜひとも味わってほしかったのだ。

もう何年も使っていないのか、サビついた大鍋をゴシゴシと洗い、お湯を沸かしてうどんを茹ではじめると、ネパール人のおじさんがやってきて、不思議そうに覗き込んでいる。英語が話せないので「一緒に食べる?」とジェスチャーで伝えると、顔をグイッと横にふる。最初は「ノー」という意味かと勘違いしていたが、これがインドにおける「イエス」なのだ。

茹で上がった讃岐うどんを見てネパール人おじさんとアミットさんが「ビッグなパスタだね。え？　この黒いソイソースとジンジャーにつけて食べるの?」とフォークに恐る恐る巻き付けたが、佐々井さんは目を

「もっとおかわりくれ！」大好物の讃岐うどんを前に。

て食べ始めた。

輝かせて「おおお、俺はうどんが好物なんだ！」と脇目も振らず、ずるずると豪快に音を立て

「おい、お前、俺のうどんが少ないではないか」

「おかしいな、佐々井さんの御椀には特別に多くよそったんだけど」

「いいや、お前は自分の分だけ多くよそった」

「お坊さんなのに細かいなあ。じゃあ、私のうどん、半分あげますよ」

「おう、くれるのか！　わっはっは！　言ってみるものだな。お前が毎日、ご飯を作ってくれるから、俺はつい甘えちゃうんだ。おう、ご飯といえば、明日の改宗式で誰かに水や食べ物をもらってはいかん。毒が入っているかもしれないからな。特にお前は食いしん坊だから心配だ。いつも、取材そっちのけで、ごはん、ごはん、と騒いでおるから」

「佐々井さんこそ、甘い物に目がないから心配です。それなら式が始まる前にたくさん食べておきましょう」

「そうだな。俺はインドに来てから何度もひどい目に遭っているんだ」

佐々井さんはそう言って、あっという間にうどんをつゆまで飲み干し、「おーい！　おかわりはないのか？」と無邪気に笑ってお椀を持ち上げた。

今も続く暗殺の恐怖

佐々井さんが慎重になるのも無理はない。何しろ半世紀前にナグプールに住み着いてからというもの、行く先々でいつも誰かに狙われている。インド国内にいくつかあるテロ集団の暗殺リストには佐々井さんの名前が常に上位に載っているらしい。激増する仏教徒を抑え込みたいヒンドゥー教徒や佐々井さんの活躍を妬む僧侶、佐々井さんが国に盾突くのが面白くない政治家など、佐々井さん曰く「もう数えきれないくらい」知らないうちに恨まれているのだった。

食べ物に毒を混ぜたり、突き落とそうとしたり、暴動を起こしたり、悪い噂を流し、社会的に抹殺したりと、あらゆるパターンで佐々井さんを亡き者にしようとする。

まるで「００７」のような騙し合いや暗殺の手口についての話を聞いていると、一日たりとも心が休まる暇がなくて気の毒だと思う。防弾チョッキや防弾ガラス、本職のＳＰなど本格的な護衛は何一つなく、よく今まで無事に生きてこられたと驚くが、佐々井さんはいっこうにへこたれず、困っている人がいれば、どんな危険地帯であろうと単身で乗り込んでいく。

暗殺未遂は大きな事件だけで3回あった。一番、最初にやられたのは、ナグプールに来てから数年後のことだ。佐々井さんがいつものようにでんでこを叩いて町内を回り、お経を唱えていたら、数週間前にオープンした噛みタバコ屋に声をかけられた。今ではあまり見かけなくなったが、嚙みタバコとは、吸うのではなく葉のなかに好みの香辛料を入れて口のなかに入れ、くちゃくちゃと嚙んで味わう庶民の手軽な嗜好品である。今から20年以上前、私がインドを初めて訪れた時は、道路に赤い塊があちこちに落ちていて、インドの人はこんなに血を吐くのかと震えあがったものだが、その正体は、この嚙みタバコを吐き出したものであった。

「俺はタバコは好きじゃない。けれども、『せっかくインドに来たのに、市民の嗜好品を知らないなんて。一度、試してみたら？』と顔見知りになったタバコ屋のおやじが親切に言ってくれるのでな。『甘いのと辛いのとどっちがいい？』なんて聞かれて作ってもらった。店には5、6人の男がたむろして話し込んでいたんだ。俺は店の外で待ってタバコを嚙みながら、『あんまりおいしくないなあ』とまた歩いて寺に戻ったところ、突然、腹が焼けるように痛くなった。その直後、血をドバッと吐いた。ちょうど来客があったのだが、それどころではない。もう大騒ぎになってな」

七転八倒しながら救急車で運ばれた。警察が来て、その嚙みタバコを検査すると猛毒が検出された。警察は嚙みタバコ屋に直行したがもぬけの殻。ＲＳＳが雇ったのか、政治家が指示したのか分からないが、結局、実行犯は捕まらなかったという。それからというもの、人からもらう食べ物には警戒するようになった。それでも僧は供養で生きているから常に危険は付きまとう。

その次は、ある街で開催された仏教の集会で陰謀に巻き込まれた。普通、舞台は2、3メートルの高さなのに、その会場は10メートルくらいある。「なぜこんな高い舞台を？」と不審に思いながらも、舞台上で説法を終えると、ワーッと何十人もの人たちが一斉に舞台上に佐々井さんを慕って登ってきた。

人々は握手をしたり写真を撮ったりしていたが、佐々井さんともうひとりの僧を残して、突然、波が引くように舞台から降りてしまった。その直後、舞台がぐわん、ぐわんと地震のように揺れ、あっ！と思った時には、足元から舞台が崩れ、叩き落とされた。建材の下敷きになった佐々井さんともう一人のお坊さんは救急車で運ばれ、会場は蜂《はち》の巣をつついたかのような騒ぎとなった。

「舞台の欠陥にしては様子がおかしい」と疑っていると、翌日の新聞の報道には、「わざと舞台が崩れるように作ったのではないか」と、その首謀者と思われる政治家の名前が載っていた。

「しかし、その政治家は『俺は知らない』と言うし、証拠もないので警察も逮捕できない。腰骨にヒビが入り、3ヶ月間、全く動けなくなった。もう痛くて、痛くて。しかし、ここで弱音を吐けば、敵の思うつぼだ。少し良くなると、以前から約束していた集会には約束どおり出かけ、ベッドで寝たまま登壇して説法した。今でも長い間、ずっと座っていられないのは、あの事故のせいなのだ」

そして、つい最近も暗殺されそうになったという。2014年、物が食べられなくなり病院に運ばれた。実はその1年前から、じょじょに体が弱っていくのを感じていた。歳といえば歳だが、原因が思い当たらない。入院して点滴を受けたが容態はますます悪化し意識不明の重体となった。入院を知った数千人の市民が泣きながら病院の周りを取り囲み、佐々井さんの回復を眠らずに願っていた。

「ところが、俺はナグプールの病院にいるはずなのに、意識の中ではヒマラヤの病院で寝ているんだ。担当の看護師は顔を見せてくれないが、後ろ姿や横顔から美人と分かる。それでこんなことを言うんだ。

『あなたは、今まで頑張ったから極楽に行けます』と。

『ダメだ、俺はまだ死ねない！　やらねばならないことがたくさんあるんだ！』

『生き返ると、何倍も苦しいことが起こるから、もう死んだほうがいいでしょう』

『それでもいい！　シャバに戻せ！』

するとな、ス～ッと看護師が私の身体の中に入ってきた。彼女は看護師の恰好をしていたが、今思えば観音様だったんだな。その頃、現実世界では俺の呼吸が止まっていたらしく、誰かが窓の外に向かって『バンテージが死んだー！』と叫び、病院に結集していた人々がみなワーッ！と号泣した。だが、何分経ったか知らないが、急にまた息を吹き返したらしい。こんなことはめったにないそうだ。それで、また誰かが『バンテージが生き返ったー！』と言うと、『エエっ!?』とどよめきが起きたという。ワッハッハ、観音様が生き返してくれたんだ」

なんとも不思議な話だが、佐々井さんはいたって真顔である。その後、佐々井に死なれると大ごとになると、州知事の特命でボンベイから救急ヘリが迎えに来て、佐々井さんはボンベイ一の立派な病院に運ばれた。佐々井さんに金はないから、その費用の出どころは分からない。そのＶＩＰ病室に移ると、佐々井さんはじょじょに意識が回復して元気になった。

「それは暗殺未遂ではなく、心臓か何かの病気だったのでは？」

「最近、暗殺スタイルも変わってきてな、毒や事故では怪しまれてしまう。だから、１年かけて少しずつ、気が付かれないように食べ物に毒をまぜて弱らせる方法に変わってきているんだ」

「そんなことがあるんでしょうか？」

「ああ、俺の盟友の男も病死と発表されたが、この方法で少しずつ弱らせて殺されたという噂もある。だから、俺は信用できる人が作ったご飯しか食べないが、ちょっと思い当たる節があって、とある人からの供養は、その後は断ることにした。どんなにいい人でも、弱みを握られたり、金を摑まされたりすれば、人は変わることがある。それに病院で呼吸器を付けられたとたん、苦しくなって重体化した。ところが、心臓が停止してそれを外したとたん、意識が回復したんだ」

「まさか！　お医者さんまでもが殺そうとするでしょうか？」

「ありうる。インドだからな。州知事もそれを疑って、ボンベイに呼んだのかもしれない」

果たして、何が真実かは分からない。しかし、佐々井さんが常に狙われているのは事実で、全てを疑い、慎重にならざるを得ないのも分かる気がする。ところで、佐々井さんをシャバに戻してくれた観音様は一体、どこへ行ったのだろうか？

「観音様の話には続きがあってな、あの後、意識が朦朧とする中で突然、5人の女が出てきた。その一人とはなぜか一緒にテニスをするんだ。でも、その女たち全員、同じ観音様の化身なのではないかと思う。俺がヒマラヤの病院でだいぶ良くなってきた時、観音様に衣をお礼に受け取ってもらった。名前を聞くと、『プリティ』だという。こっちの言葉で『慈悲』という意味だ。そしてヒマラヤの病院を退院した時、俺はなぜかデカン高原をギターを持ってさ迷っているんだ」

「佐々井さんが、美女観音を求めてさすらいのギター弾き？　西部劇みたいだなあ」

「ああ、それで、プリティを探して歌を歌うんだ」

「佐々井さん、観音様にも恋に落ちるんですね。それでどんな歌を？」

「あれだ、香川京子の『高原の駅よさようなら』だ」

「同じ高原でも熱風が吹くデカン高原とだいぶ違うけど……」

私が生まれてくる前の映画なので見たことはないが、佐々井さんがしょっちゅう歌うので、歌詞は覚えてしまった。「♪し～ば～し別れの～」と浪曲で鍛えた佐々井さんの美声に皆で聞きほれ、「よっ！　インド一！」と拍手しては大笑いしているうちに、次第に日は暮れていく。明日には敵地に乗り込むという一大事はすっかり忘れて、酒もつまみもないがまるで宴会のように賑やかな晩となった。

第14章　陰謀渦巻くアーグラ

目覚ましの音で起き、ボロボロのカーテンから外を覗くと、夜明け前の澄んだ淡く青い空が広がっていた。

ついに陰謀渦巻くアーグラの仏教大会へ出発する日がやってきた。昨日は、あんなに手拍子をとって盛り上がったのに、当日の朝ともなると、さすがに気が重くなる。アミットさんが頼んでおいた一台の貸し切りタクシーが朝5時すぎに迎えにきて乗り込むと、ネパール人のおじさんが起きてきて、手を振って見送ってくれた。

ナグプールではシートベルトもせず、我が物顔で前のダッシュボードに足をドンと乗せて腕組みをしている佐々井さんも、「デリーは規則が厳しいんだ」とおとなしくシートベルトを締め、行儀よくしている。事故に遭ったら助手席は危ないので、普通は後部座席に座るものなのだが、佐々井さんは、「リーダーとして責任があるので、運転手が居眠り運転しないように見張らねば」と必ず前に乗る。

アーグラまで延びる高速道路はここがインドとは思えないほど、でこぼこもなく快適そのものだ。佐々井さんによると佐々井さんの盟友である故カンシ・ラムの一番弟子であったマヤワティ女性州首相が作った道路だそうだ。

途中、朝食をとるために、ドライブインに寄ることになった。小奇麗なフードコートはインド人ファミリーでごった返していた。プラスチックの椅子に座り、スナックとお茶を並べて皆で食べ始めると、佐々井さんがおもむろに「あづさ、というお前の名前はいい名前である」と言い出した。

「あづさの『さ』と佐々井の『さ』、これは縁がある。そしてお前の名前がはじまる『あ』は、仏教ではすべてのはじまりの言葉なんだ」

「へえ、そんな風に考えたことはありませんでした。母から弓にかかる枕詞《まくらことば》から名付けたと聞いていますが」

「あづさもいい名前だが、お前に龍の名前を授けよう。昨夜、寝る前に俺は密かに考えた」

「龍？　私に？　そういえば、その龍の一文字をとって、龍亀さん、龍華さん、龍海さんとか、親しい人にブッディストネーム（法名）をあげていますね」

「そうだ、欲しいとねだられて与えることもあるが、俺は良くしてもらったお礼に名付けることもある」

「佐々井さんの聖龍樹（アーリア・ナーガルジュナ）という名前は首相につけてもらったんでしたっけ？　でも佐々井さん、私、ばりばりの仏教徒じゃないし、もらうのは悪いのでいいです」

「何⁉　お前、仏教徒じゃないのか？」

「祖父母のお墓もあるし、仏教徒といえば、仏教徒なんですけど、宗派はどこか忘れちゃったし……親戚には神主さんもいて、お正月は神社にお参りにも行きますしね。でも、まあ、日本人ってみんなこんなものじゃないですか？」

「ふむ、変わった奴だな、普通は俺が名をやると言ったら、皆、大喜びするのに」

　この取材を通じて、私は仏教だけではなく宗教全体に興味を持ち始めてはいたが、特定の宗教がないことに後ろめたい気持ちはない。世界を一周していた頃は、知り合ったイスラム教徒の一家に「一緒にモスクに行こう」と連れて行かれて見よう見真似で祈ったり、ブラジルのキリスト教会で手伝いをすることになったときは、誘われれば朝の礼拝にも参加したりした。「たぶん仏教徒なんだろうな」と思われながらも、一緒に拝むとその土地の人は喜んでくれる。宗教は違ってもマホメットもキリストも、自分を顧みず、人々のために尽くした尊敬するべき偉人であることには変わりはないのだから。

　しかし、名前をつけてもらうとなると話は別だ。キリスト教でいえばクリスチャンネームに当たるのだろうか。もしかしたら「あづさ」という名前が入れ歯の佐々井さんにとって言いにくいので、自分の呼びやすい名前をつけたいのかもしれない。いずれにせよ、佐々井さんが何という名前を考えてくれたのか気になったので「その名前とは？」と顔を近づけて聞いてみた。

「うむ、お前の名前は……龍笑《りゅうしょう》だ！　龍が笑う。どうだ、いい名前だろう！」

「えー⁉　なんか弱そう！　もっと強そうな名前がいい」

「ばかもの！　何を言う！　いい名前ではないか。お前はよく笑う。俺の生涯でこんなによく笑うやつを今まで知らない。俺が怒っても気にしないし、それでいてよく気もつく。普通の記者は自分の記事のために、必死に喰らいついてインタビューをし、終わればさっさと去っていく。しかし、お前はここに来てから、俺の飯を作ってばかりではないか」

「それは3年前、取材に来た時、佐々井さんがあまりにも弱っていたからです。ほら、改宗式が終わって佐々井さんは頭が痛いわ、お腹の調子も悪いわ、貧血でふらふらで、とにかく絶不調でしたよね？　それなのに遠くで入院しているお坊さんのお見舞いに行こうとするし」

「おう、覚えてるぞ。バイクを乗り回して転んで手術した、あわてんぼうの坊主のな」

往復10時間もかかる場所にその病院があるというので、「今日でなくとも、一週間くらいして佐々井さんが元気になってからでもいいのでは」と止めたのに、「人が弱っている時、助けるにはタイミングが大事だ。落ち着いてから行くのと、手術後、目がパッと覚めた時に俺がいるのとでは回復が違う。明日では遅い！」と言って聞かない。ところがやっぱり無理がたたって、途中でバッタリ倒れて民家に運ばれたのだ。

佐々井さんは、自分の限界の限界まで弱っている人のことを考える。ただ困ったことに、調子が悪くなると、なんとか血圧を上げてその場を乗り切ろうと、コカ・コーラを飲みたがる。お腹も冷えるし、砂糖の取りすぎも健康に良くない。

「あの時、俺は『コカ・コーラを買ってきてくれ』と頼んだのに、おまえは言いつけを無視しおってハチミツとレモンを買ってきた。それでレモネードなるものを作って飲まされたのを覚えている。こら、お前は何のために出版社からお金を出してもらってここにいるのか！」

「またその話ですか。おいしいといって佐々井さんもよく食べているからいいでしょう。はっはっは」

「何がはっはっは、だ！　お前には真剣さが足りん。とにかくだ、お前といると俺はつられて笑ってしまう。龍が笑うと周りも笑う。そして周りがほがらかになる。お前の笑い声は周りを幸せにする。龍笑、これからも笑って生きなさい。さあ、龍笑、笑え！」

佐々井さんと私が笑いだすと、アミットさんも運転手さんも日本語は分からないが、ジュース片手に笑い出し、いつの間にか大爆笑の渦になった。自分では気が付かなかったが、そういえば、私の母もよく笑う人である。性格は似ていない親子だと思っていたけれど、影響は受けているのかもしれない。

佐々井さんは、龍笑という名前が気に入ったのか、車に戻ってからもアーグラに到着するまでの数時間、ずっと「龍笑、さあ、さあ、笑え！」とまるで子供のようにはしゃぐので、私はおかしすぎて腹筋が痛くなってしまった。

タージ・マハルへ行く

アーグラの街には朝の9時には着いてしまった。朝5時出発では、昼すぎから始まる集会にはいくらなんでも早く着きすぎるのではないかと皆でやんわり言っても佐々井さんは、頑として時間を変えなかった。渋滞が心配なのか、単に頑固なだけだろうと諦めたが、その訳は到着してから分かった。

「どうも時間が余ってしまったから、龍笑、お前にタージ・マハルを見せてやろう」と佐々井さんが言い出したのだ。実は昔、実物を見たことがあったし、式典の前にわざわざ行くこともないので、「確か、あれってイスラムの王様の建物でしょう？　それに佐々井さんは長旅で疲れているだろうし、早く会場に行くかカフェで休みましょうよ」と提案したが、佐々井さんは「いいんだ、会場に行ったたって疲れるだけだ。行くと言ったら行く！」と一度、言い出したら聞かない。

喜んだのはアミットさんだ。

「やったー！　バンテージと一緒にタージ・マハル行けるなんてすごく珍しいぞ！　あづさ、そのいいカメラでツーショットを撮ってくれ！」とすっかり観光客気分だ。しかし、タージ・マハルの駐車場に到着すると、大変な混雑を目の当たりにした佐々井さんは一転、「あー、やっぱり俺は駐車場で運転手と待っとる！　お前たち2人で行ってこい！」と急にムスッとする。

もしかしたら、妙に早すぎる今朝の出発は、はるばる日本から来た私にタージ・マハルを見せるためだったのかもしれない。佐々井さんは、口には出さないが、そういう気遣いをする時があるのだ。それなら素直に好意を受けたほうがいいのかもしれない。

そこでアミットさんに「佐々井さんには休んでもらって、私達だけでダッシュで見てこようよ」と声をかけると、「やだ。俺はバンテージと一緒に3人で行きたいんだ！」といい年したおじさんが子供のようにごねる。インド人は大人になっても我が強い。

結局、佐々井さんがアミットさんに根負けしたので、3人でタージ・マハルを観光することとなった。チケット売り場には外国人専用窓口があり、インド人の入場料は100円くらいだが、外国人は入場料が2000円近い。お金を持っている外国人から取れるだけ取ろうというインドらしい価格設定だが、佐々井さんはその差に驚き、「おーい、お前、金は大丈夫か？　それは出版社が払ってくれるのかー？」と心配して、インド人の列から日本語で叫んだ。インド人観光客たちが僧衣の佐々井さんを一斉に振り返り、「日本人は大声を出して、いったい何やっているの？」といわんばかりにクスクスと笑った。

今か今かと佐々井さんが来るのを待ち受けるアーグラの暗殺者は、まさか今頃、タージ・マハルを背にニカッと白い歯を見せて、我々が仲良く観光写真を撮っているとは思うまい。駐車場に戻ると、佐々井さんは隅で立ち小便をして、車の横でアミットさんが用意してくれた正装の袈裟をぐるぐると体に巻き始めた。

疑惑の仏教大会

人の憂鬱は長くは続かない。皆で笑っているうちに、今、恐れていても仕方がないと私はサバサバした気持ちになった。アーグラの街中を抜け、車で10分ほど、町のはずれにある広い公園に到着すると、白い大きな天幕が張られていた。式典の係員数人が助手席に乗った佐々井さんの元に駆けつけ、丁重に出迎え舞台裏へと誘導する。壇上には椅子が50席くらい用意され、佐々井さんは最前列の中央の席にドカッと腰を下ろした。

そしてその両脇をプロレスラーのように恰幅のいいゴツイ顔の僧侶ふたりが固め、佐々井さんと親しげに話し始めた。昔からの知り合いなのだろうか。もしかしたら、陰謀について事前に把握していて脇を固めてくれたのかもしれない。あのふたりなら、いざ刺客がきても佐々井さんの盾となってくれそうである。

その3人の真後ろの席には、見覚えのある50代くらいの上品で美人の尼僧が座っていた。目が合うと「あら、あなた！　3年前の大改宗式にもいた日本人のパラリガールよね？」と声をかけられた。まさか、覚えている人がいたとは。インドに遊びに来ただけの佐々井さんの知り合いを装うつもりが、わずか10分で正体がバレてしまった。確かこの尼僧は3年前も、私がカメラをぶら下げているのを気にして、「改宗式には泥棒も紛れ込んでいるから気を付けてね」と気遣ってくれた。優しくていい人だから彼女に関しては心配しなくても大丈夫だろう。

椅子に座りきれず、床に胡坐をかく近隣のお坊さんも含めると約１００人、そして準備委員会の信者が50人と、なぜかインドの仏教大会は舞台上にぎっしり人を座らせる。３年前、ナグプールで開かれた１００万人の大改宗式に比べれば規模は小さいが、それでも会場には３、４万人は集まっていただろうか。暑い日だったが、遠くまで人で埋め尽くされている。

佐々井さんの元へは、各地から招待されたお坊さんや信者が次々と額づき、足元で三拝する。どの人も尊敬の念を持っている様子がうかがえた。背後の垂れ幕には、佐々井さんの名前が一番上にでかでかと書かれており、今日一番のメインゲストであることが分かる。舞台を見つめる信者たちも、地元のテレビ局も佐々井さんの一挙一動に注目しているのだ。

私は少し安心した。これだけ注目されているなら、敵は簡単に佐々井さんを狙えないだろう。刺したり突き落としたら、テレビで中継されて犯人は簡単に捕まってしまうからだ。

いよいよ式典が始まった。お祈りや説法が行われたり、仏教の歌を歌う少女が登場したりとプログラムは順調に進んで行く。舞台の下で目立たぬよう、見守っていようと思ったが、佐々井さんから「お前も舞台に座っておれ」と言われたので、私は舞台の信者にまぎれながら、佐々井さんから少し離れたところに小さくうずくまっていた。

天幕を張っているとはいえ会場は蒸し暑い。佐々井さんは、暗殺を恐れて目の前に置かれたペットボトルの水に手をつけない。私は持参した水を渡すタイミングを考えていたが、あまりにも人が多くとても佐々井さんのところまで辿り着けないでいた。

2時間ほどたった頃だろうか、式も中盤に差し掛かった時、司会の若い僧侶が何度か「ササイ」と口にし始めた。ヒンドゥー語なので、何を言っているのか分からないが、佐々井さんの偉業を褒め讃えているのだろう。佐々井さんの周りにいる僧から時々、笑いが漏れているのは、ユーモアを交えて話しているからなのかもしれない。しかし、当の佐々井さんは、なぜか苦虫を噛みつぶしたような憮然とした表情をしている。会場の信者たちも司会者のテンションとは裏腹に眉間にシワを寄せており、どうも様子がおかしい。

その次のお坊さんが説法を始めた時、佐々井さんは急に立ち上がって、周りに小さく小指を振り、席をあとにした。インドでは小指を振るジェスチャーは「俺の恋人」ではなく、「トイレ」という意味だ。すぐに戻って来るのだろうと思ったら、係員が私に「バンテージがお前を呼んでいる」と声をかけてきた。

そっと裏口から抜け出すと、佐々井さんが「早く来い！　さあ、脱出するぞ！」とアミットさんを伴って、タッタと前へ歩いて行く。「メインゲストなのに説法はどうするの？」と尋ねる余裕もなく、待たせてあった車に乗り込み、素早く会場を発った。車の窓の外には、慌てた主催者や驚く係員たちが駆け寄ってきたが、その姿がみるみる遠くなっていく。会場が見えなくなると、堰を切ったように佐々井さんが「わっはっは！」と笑い出した。

アーグラの仏教大会の会場。テントに入り切れない人々も。

「トイレに行くふりをして、帰ってやったんだ。演説はしなかったが、出席したから主催者であるカンシ・ラムの弟子たちの顔は立てた。これでいい」

佐々井さんは敵がどういう陰謀を計画しているのか、式が始まってすぐ分かったという。司会の若造の坊主が何度も、バカにした調子で笑いながら「日本人僧のササイ」と言って佐々井さんを怒らせようとしたらしい。佐々井さんは国籍を取りインド人として長年、活動している。そのことは、若造も知っているはずだ。インド仏教なのに、トップが生粋のインド人ではないことに皮肉を込めて、わざと言ったのだろうか。

何事もなくて良かった。けれど、私は佐々井さんを熱心に見つめていた信者たちの顔が思い浮かんだ。いつバンテージは話してくれるのだろうと、今か今かと待っていたに違いない。きっと帰ってしまったと知ったら、がっかりするはずだ。

「民衆は分かっている。ずっとこのササイが身を粉にしてインド人のために働いてきたことを。司会の若造を怒鳴りつけてやろうかと思ったが、ここは敵地のど真ん中。民衆のために耐えたんだ。もし、俺があの場で怒ったらどうなる？　民衆は俺の味方をして、舞台に乗り込んでくるだろう」

いくら佐々井さんにカリスマ的な人気があるとはいえ、そんなに大きな暴動に発展するだろうか？　日本だったら、せいぜい抗議のヤジが飛ぶか、後でＳＮＳが炎上するくらいであろう。

「いや、日本人と違ってインド人はカッとすると歯止めが効かない時がある。実際、民衆をけしかけて暴動を発生させることはよくあるんだ。そのどさくさで俺も刺されるかもしれないし、そうでなくても、もし民衆にケガ人が出たら、ササイのせいだと奴らが地元のマスコミに書かせるだろう。暴動を起こせなければ、第二、第三の策を練っていたかもしれないしな」

「そういうことだったんですね。そういえば、佐々井さんが言っていた陰謀の首謀者の角さん、助さんはどこにいたんでしょう？　自分たちは手を下さず、あの若い僧を使ったのかしら？」

「はっはっは。悪玉の親分は俺の両隣に座っていたあいつらだ！」

「ええええっ？　あのプロレスラーみたいなふたりが？　親しげに話しかけていた人ですよね？」

「お前はまだ分かっておらん。前にも話したが、それこそが親切なふりをして陥れるインドの

壇上の最前列にて憮然とする佐々井さん。首謀者の助さん、角さんとはいったい!?

〟ニッティコーティ〟よ。陥れたい相手は、笑顔で近づき油断させる。あからさまに敵意を向けることはない。それがインドだ。俺はそれに騙されっぱなしなんだ」

「はあ〜恐ろしい。じゃあ、佐々井さんの後ろにいた美人の尼さんはどうです？　あの人は会うたびに優しくしてくれますけど」

「人を見る目がないなあ、お前は！　あのおばちゃんは、優しそうに見えて、実はすごい策略家なんだ。最近、Aと金のことでもめたのか、裁判を起こしたらしいぞ」

「えー!?　本当？　そんな風には見えないけどなあ」

「俺も最近、インド人を見習って少しは笑顔で腹の探り合いができるようになった。しかし、俺は国籍こそインドだが心は日本人だ。しかも戦前派だからね、人として大事なのは、仁・義・礼・智・忠・信・孝・悌。思いやりに道徳、人を敬う心や真心に誠実さ、そして孝行だ。その大切さを説いたのがあの南総里見八犬伝なのだ。龍笑、お前、読んだか？」

「確か、犬と結婚したお姫様の身体から玉が飛び出し、八犬士が活躍する話でしたっけ？」

「そうだ。日本人もびっくりするほど忠義や誠実さを持ったインド人もいるが、そうそうお目にかかれるものではない。しかし、たとえ襲われようと、吊し上げられようと、ササイは日本人として武士らしく死にたい。そう書いておけ」

危ない橋を何事もなく渡り終えた佐々井さんは、いつにも増して雄弁だった。とにかく暗殺が未遂に終わり、全員無事に佐々井さんのデリーのアジトに帰れる。ほっとしたら、急に皆のお腹がグウと鳴りだした。ドライブインで朝食を食べてから夕方まで飲まず食わずだったのだ。

「今日は生き延びたお祝いに私がうんと供養させていただくので、皆でおいしいもの食べましょう！」と言うと、佐々井さんは「おお、それなら俺は焼きそばがいい！」と満面の笑みを見せた。

私が帰国するまであと数日。ナグプールに戻れば、もう暗殺も陰謀も恐れることなく安心して取材ができる。しかし一難去ってまた一難、そうスンナリと事が運ばないのがこのインド取材であった。

第15章　ふたたびナグプールへ

これも吊り橋効果というのだろうか。陰謀渦巻くアーグラを無事に脱出し、デリーのアジトに帰る我々４人はくたくたに疲れているはずなのに朝よりもずっとテンションは高かった。何がおかしいのか、到着するまで皆、笑いっぱなしであった。

デリーでもう一泊するというアミットさんと別れ、佐々井さんと2人でナグプールへと向かう。空調が効いて涼しく、洗練されたデリーの巨大空港とは違い、古めかしく小さなナグプールの空港に戻ると妙に落ち着く。ロータリーには、佐々井さんの運転手さんが迎えに来てくれ、「無事で良かった！」と笑顔で手を振っている。この間までこの街の埃っぽさとうだるような暑さが嫌でたまらなかったが、それさえもどこか心地良かった。無事に戻ってこられた安堵感か、それとも「住めば都」のようなものか。佐々井さんも嬉しそうに伸びをしながら、「あー、帰ってきた！　カッカッカ！」と青空を見上げて晴れやかな顔をした。

取材も大きな山場を越えたし、帰国まであと3日。もう恐ろしいこともないだろうから、残りの日本食材でたくさんうまいものを佐々井さんに作って一緒に食べよう、今日は大根を買って煮ようなどと呑気に考えていた。

翌日、佐々井さんに今日のスケジュールを聞いてみると、「午後に記者会見があるんだが、龍笑、お前はついてくるな」という。陰謀渦巻くアーグラには「ついてこい！　腹をくれ！」と言ったのに、それ以上に危険な会見なのだろうか？

「俺の仲間だと思われて、適当にいちゃもんつけられ、目をつけられるかもしれない。秘密警察も来るし、敵も忍び込んでいるかもしれん」

「いったい何の会見をするんですか？　ブッダガヤの奪還闘争でしょうか？」

「違う。昔から知り合いのナグプールの元新聞記者と元大学教授がアヨーディヤーという仏教遺跡に関して記者会見を開くんだ。だけど本当は今回、俺は関係ないのに呼ばれてな」

佐々井さんの説明によると、ウッタル・プラデーシュ州にアヨーディヤーという場所があり、そこにイスラム教徒の寺があった。しかし、その地はもともとヒンドゥー教のものだと主張したヒンドゥー教の原理主義者が、1992年にその寺を襲撃して壊してしまい、ヒンドゥー教の寺を建てようとした。その衝突により全国で1000人以上が死亡。遺跡と寺を巡るイスラム教徒とヒンドゥー教徒の争いはいまだに続いており、最高裁判所での判決に全インドの注目が集まっている。

それなら、仏教は関係がないのでは？　と思うのだが、仏教学の学者が調べてみたら、さらにその土地には本来、仏教徒の大遺跡があって、イスラム教徒が仏寺を壊して自分たちの寺を建てたことが分かった。20年前、いくら訴えても仏教徒は少数派であり相手にもされなかった。しかし、長年に渡る調査の甲斐あって、それなりに証拠も揃っているので、今こそ世間に知ってほしいのだという。

「俺自身も、あちこちの仏教遺跡を巡っているから、様子は知っておる。しかし、俺はブッダガヤの奪還とマンセルの遺跡を守るだけで手一杯なんだ、お前たちだけで勝手に発表してくれと断ったんだがな。その二人では記者が集まらないから、人気者の佐々井にも来てほしい、今回はただ座っておればいいという。つまり、人寄せパンダとして呼ばれているわけだ。二人が今後、裁判でイスラムやヒンドゥーと三つ巴の戦いをするつもりなのか分からんが」

実はインドには仏教遺跡が数多く残っている。しかし、その多くは長い年月を経て他の宗教から乗っ取られ、改築して使われている。神社とお寺が共存していた日本ではあまり聞かないかもしれないが、世界を見ると、例えばトルコの東部や中東では、キリスト教徒を追い出して残された教会がイスラム教のモスクとして改造されたり、南米ではインカ帝国が築いた石造りの建物が壊され、土台だけ利用してキリスト教の教会が建てられたりしている。

今現在、ここが自分たちの聖地だと思い、熱心に祈っている人たちにしてみれば、「土地を返して」と言われてもなかなか納得できるものではないだろう。佐々井さんのブッダガヤ奪還闘争同様、こちらも長い時間がかかりそうだ。

それにしても佐々井さんの行くところ行くところ陰謀だらけなのは、この短い取材を通じて嫌というほど理解した。ただの人寄せパンダとはいえ、こじれたら命を狙われる危険だってゼロではない。果たして佐々井さんはおとなしくしていられるのだろうか。

午前中で佐々井さんの取材を切り上げ、午後は自分の部屋に戻って洗濯でもしていようかと帰り支度をはじめると、佐々井さんは携帯で誰かと話しながら、「おい、龍笑、ちょっと待て」と呼び止めた。

「プレスセンターで会見を開く予定が、俺が出ると言ったらマスコミに注目されたらしい。会場は格式のある州の施設に変更になったぞ。やっぱり龍笑も来い！　隅っこにおればいい」と、佐々井さんは急に張り切りはじめた。注目されたのであれば余計、危ないのではないかと思ったが、それだけ警備も厳重かもしれない。急いでカメラを抱えて一緒に車に乗り込んだ。

州の管理する敷地に入ると、土埃が舞い、のら牛が歩く塀の外とはまるで違い、ここは本当にインドかと思うほど涼やかな光景が広がっていた。整然とした美しい庭に大きな噴水、英国調のクラシカルな木造の建物が並んでいる。大きな円卓のある2階の会見場には、すでに地元の新聞記者やインドの全国放送のテレビ局など20人ほどの記者がスタンバイしていた。それでも後から後から記者やカメラマンが入ってくるので、椅子を追加しても間に合わない。

記者会見が始まると、佐々井さんは水戸黄門のように中央の椅子にどんと座り、両脇の元学者と元新聞記者はアヨーディヤーが仏教遺跡であることを熱心に訴えはじめた。ひととおり会見が終わると、今度は記者たちが手を上げ質問を始めた。その間、佐々井さんは打ち合わせ通り、パンダのようにじっと黙っていたのだが、元新聞記者が「バンテージも最後に何か一言」とうながすと毅然と立ち上がった。

一斉にフラッシュが焚かれる中、一言のはずが、佐々井さんはマイクを持ったとたん、流れる水のごとく一気にまくし立てた。名調子で語る佐々井さんの声は次第に熱を帯びてくる。記者の一人が質問をぶつけ、佐々井さんが答える。さらに質問が飛ぶと佐々井さんがまた答える。すると突然、記者団から「おおっ！」と大きなざわめきが起きた。ヒンドゥー語なので私には聞き取れないが、何か重要なことを言ったのはすぐに分かった。なぜなら元新聞記者のおじさんが慌てふためいて立ち上がり、佐々井さんにストップをかけたからだ。

佐々井さんは両脇で青ざめているふたりをチラッと見て「やっちゃった。ごめん」というバツの悪そうな顔をしている。記者会見は強制終了となったが、席を立とうとする佐々井さんにテレビカメラが張り付きそのまま、単独インタビューの列ができてしまった。元新聞記者と元教授はそれを目で追いながら、「あーあ」という顔をした。

戦う虎におとなしいパンダ役は務まらなかったのか。いったい何をやらかしたのか、ようやく解放されて車に戻ってきた佐々井さんに聞いてみた。

「おう、最初は記者たちに『よく書いてくれよ！』くらいの軽い挨拶のつもりが、つい口が滑ってな、記者が『仏教遺跡という証拠はあるのか？』というから、『俺はその遺跡で仏像が出土したのを知っている』と明かしたんだ。そしたら会場はどよめいて、他の記者が『その仏像はどこにある？』と突っ込むから『その仏像なら、あの国会議員が持ち去って隠している』とうっかり名前を出してしまった。それで大騒ぎよ。だから会見なんて出たくなかったんだ。俺には嘘はつけない。今夜の全国放送でそれが流れるが、まあ、本当だから仕方ない。しかし、これから大騒動になるのは避けられん」と腕を組む。

「なんとまあ……その国会議員が怒って殺し屋を雇うかもしれませんよ。佐々井さん、どこかにしばらく隠れたほうがいいのでは？」と心配すると、「俺は逃げも隠れもせん！　殺しにくるなら来い！」といつもの通り、威勢よくまくしたてたが、「しかし……お前の本はもしかしたら、俺の遺言となるかもしれんな」と珍しくしょんぼりしてしまった。

寺へと向かう車のなかでも佐々井さんの電話がひっきりなしに鳴り続け、テレビ局の取材が寺へも押し寄せてくることが窺えた。佐々井さんは眉間にシワを寄せて、「明日は早い。地方に行く。ここに朝5時半に来い、お前はもう帰れ」と言って重い足どりで寺の階段を登って行った。すぐに誰かが佐々井さんを殺しに来るとは思えなかったが、アーグラの時よりも心配でならなかった。

衝撃の除幕式

翌朝、朝5時すぎに一階の宿坊で暮らす若い僧侶が二階のゲストルームの戸をノックした。今日はナグプールから西南に車で5時間ほどのワッシムという街の近くにある小さな村の仏教大会に僧侶10人で参加するという。宿坊の前に停めてあったクーラーなしのジープには、ぎゅうぎゅう詰めですでに5人の僧侶が乗り込んでいる。彼らは普段はナグプール近郊の別の寺で生活しているのだが、今日の出発は朝が早いので、佐々井さんの寺の宿坊に前日入りしていたらしい。どうりで昨夜、下から賑やかな声が聞こえていたわけだ。

席を詰めてもらい、私もジープになんとか乗り込み、佐々井さんのいるインドラ寺へと向かうと、さらに寺の2階から数名のお坊さんたちが降りてきた。若い僧たちはクーラーのないジープへ、老僧たちはいつも佐々井さんが乗っているちょっといいバンに乗り込んだ。しかし、佐々井さんだけがなかなか出てこないので、だんだん心配になった。もしや、昨日の記者会見の騒ぎで毒殺されてすでにベッドに横たわっているのではないか？　不安になって上まで迎えに行こうとしたその時、3階の扉がギイイイと軋んだ音を立てながら開き、佐々井さんが顔を出したので、皆でほっと胸をなで下ろした。

佐々井さんは何も言わないが、不機嫌なのはそのしかめ面を見て分かった。昨日、遅くまでテレビ局が来て、よく眠れなかったのかもしれない。あるいは佐々井さんの事を案じた信者が押し掛けたのか。しかし、そんな親分の様子を気にもせず、僧侶たちは久しぶりに仲間が集まったのが嬉しいのか車内で遠足のように写真を撮り合ったり、お菓子を分けたりとキャッキャッと騒いでいる。空気を読まないインド人独特のマイペースぶりに最初は驚いたが、2週間も経つとその自由さがうらやましくなってくる。

普段は大渋滞のナグプールの大通りも、まだ夜明け前のためか閑散としていた。このままワッシムまでひた走るのかと思ったら、その前にナグプール市内の小さな式典に寄るという。

小さな家が並ぶ住宅街の中へと入っていくと、一軒だけ灯りがつき、玄関先に花びらの絨毯を敷き詰めた華やかな家が見えた。お祭りのような雰囲気だが、こんな早朝から結婚式でもないだろう。佐々井さんを先頭に僧侶たちが家に入っていくと、正装した家族が佐々井さんの足元に三礼したり、花を撒くなどして大喜びで出迎えた。

リビングらしき部屋は、まるで誕生日会のように風船や紙テープで飾り付けられており、ソファの横には体長1メートルほどのカラフルなブッダの座像が置かれている。その奥には舞台のようにさらに一段高くなっている場所がありカーテンが引かれているのが目に付いた。そのカーテンの裏にはもっと大事にしている秘仏でもあるのだろうか。

その時、佐々井さんを取り囲んだ家族の後ろから、ルンギという白い腰巻に上半身裸の30代くらいのお団子ヘアの男が、腰を90度に曲げてヨチヨチと歩いてきた。体が悪いのかと思った

ユーモラスなウイクトババ1世の像と目が合って思わず笑う佐々井さん。

が、その姿にギョッとした。その男の手首と足首は、鎖で囚人のようにひとまとめに縛られ、手足の自由がきかないため垂直に体を起こして歩けないのだ。

なぜこんな姿に？　ペットじゃあるまいし、いやペットにもこんなことはしないが、家族は誰もはずしてやらないのか？　仰天したが、佐々井さんは何でもないように、やあ、やあ！とばかりに、手をとって背中をさすってやっている。鎖男も佐々井さんになついていて、ふふふと笑うのだが……これは修行なのか、この日だけのパフォーマンスなのだろうか？

「時間がないんだ。さっさとやろう」と佐々井さんが家族をせかすと、一家の父親が奥のカーテンをサーッと開けた。その瞬間、その場の空気が一気に凍り付いた。なんとそこには、仏像ではなく、鎖男そっくりの像がこちらに向かって微笑みながら、やはり鎖で縛られたまま膝をかかえ座っていたのだ！　さすがの佐々井さんも僧侶たちも思わずのけぞった。なんだ、これは？　この人、自分の銅像を作ってブッダよりも高い位置に祀《まつ》ってしまったのか？　鎖男とちょっと違うとしたら、頭がお団子ヘアではなく、ソフトクリーム状に三角形に髪をねじ上げていて、ルンギを巻いておらず、真っ裸な点だろう。

おまけに像には七色のライトが当てられ、赤、青、黄と色が変わる。遊園地のアトラクションかと見間違うほど、ド派手で奇怪な像に僧侶たちは驚きを通り越して、笑いをかみ殺しているのが分かる。どうみても仏教ではなさそうだが、佐々井さんは一瞬、苦笑しながらも蠟燭《ろうそく》に火をつけ、像に花輪をかけ、静かに合掌した。そして舞台から降りるや、リビング中央の仏像の前に立ち、他の９人の僧とともにお経を唱え始めた。

行事を終えて、満足そうにお礼を言う鎖男や家族に手を振りながら、車が走り出すと佐々井さんはこらえきれず、「わっはっはっは！」と笑い始めた。家では神妙にしていた後部座席の僧たちも「もー、さっきはびっくりしたなー」と盛り上がっている。

「龍笑、驚いただろう？　今日は新しい像を作ったというから除幕式に呼ばれたのだが、実は俺もちょっと驚いた。あの像はすでに亡くなっているウイクトババ１世だ。生きている方の縛られたあいつはウイクトババ２世。親子ではなく師匠と弟子みたいなものだな」

ウイクトババ１世とは、ワルタという街で下層階級の両親の元に生まれた人物だという。小さい頃、暴れん坊だったため、親がウイクトババを縛って外に放り出しておいた。「ババがかわいそう。でも昔の話ですよね？　今のインドではさすがに幼児虐待で通報されるのでは？」と佐々井さんに尋ねると、「教育を受けていない貧しい親たちの間では、今もこれが虐待に当たるとは思ってもいない人もおる」という。

さて、この子は暑い日も風の日も雨の日も、縛られたまま飲まず食わずで放置され、そのうち死ぬだろうと思っていたら、ケロッと元気にしている。これだけ強いのは、何か彼に特別なものがあるのかもしれないと、生き神様のように方々から人々が拝みにくるようになった。

ウイクトババをさらに有名にしたのは、その神通力だと佐々井さんは言う。やってきた人にウイクトババが「あんたは将来、こうな

佐々井さんを見送るウイクトババ２世。

る」と予言をはじめ、それが次々と当たり、大変な評判となった。大金持ちも議員も貧しい人も、みな自分の未来を聞きに集まってきた。

「ウイクトババは手足の鎖を切ることなく、確か70歳手前で死んだが、死ぬ少し前に仏教徒に帰依したんだ。彼のアドバイスを聞いて金持ちになった信者たちが寄付を集め、仏寺を建てた。その時、俺も寺に呼ばれて祈ってやったことがある」

「では先ほどの2世のことも昔から知っているのですか?」

「1世にくっついてチョロチョロしていたから、俺はよく覚えておる。何しろ、あいつが小さい頃、瀕死の状態になったとき、彼のお父さんお母さんに頼まれて、祈ってやったら治ったことがある。だから、もしかしたら、俺にも神通力があるかもしれないぞ。1世を心から信奉していて、今では自ら2世を名乗り、手足を縛ったまま18年間も過ごしているんだ。2世に神通力があるかどうかは知らないが。ちょうど数日前に連絡があってな、自宅にウイクトババの像を建てたから来てほしいというんだ。『その日は遠いところへ出張があるから、翌日にしろ』と言ったんだが、どうしても今日がいいと。確か今日は1世の誕生日だったか命日だったか」

「あれは仏教なのでしょうか?」

「純粋な仏教ではない。どちらかというと邪教であって、ヒンドゥーに近いものだろう。ブッダはきつい修行は否定しているしな。だが、多少行動がおかしくても、奇妙であっても、俺は彼らの歩む道は止めない。最終的に仏教に帰依してブッダを信仰していれば認めておる。1世が仏教に帰依したのには、何か思うところがあったからではないか」

日本のお坊さんがこの光景を見たら、何と言うだろうか。きっとこんなものは信仰ではない、邪道だと相手にしないかもしれない。

しかし、ウイクトババが、人生の最後になって全ての人に平等を説く仏教に帰依したのは、どれだけ人々に崇められ生活が豊かになっても、身分の低さは変わらない自分と、上位カーストからの搾取からいつまでも逃れられない同胞たちの厳しい現実に疑問を持ったからではないか。そんなウイクトババ1世の気持ちを佐々井さんは思いやったのだろう。

さて、日本の仏教は？

東の空が明け、南に向かう道はすでに出勤する車で渋滞となっていた。路上のチャイ屋で軽くチャパティをつまみ、一路、ワッシムを目指す。約束の時間に遅れそうなのか、気が短い佐々井さんはドライバーに「ぬかせ！　ぬかせ！　もっとスピードだせ！」と怒鳴り散らす。秘密警察よりも、陰謀渦巻くアーグラよりも、この取材で一番、怖かったのは、佐々井さんの暴走車かもしれない。

街を横切り、野原を突っ走り、山道を越え……昼過ぎになってようやく田舎の小さな集落が見えてきた。ここが今日、仏教集会が開かれる村だ。畳2畳ほどの小さなキオスクを営む家の中庭に佐々井さんと僧はぞろぞろと入っていく。中庭にはひさしがあり、一台の鉄パイプのベッドがポツンと置かれていた。おそらく佐々井さんの腰が悪いのを知って家族が引っぱり出したのだろう。

佐々井さんはド派手な花柄のシーツが敷かれたベッドにごろんと横になり、控えの僧たちはその周りの椅子にそれぞれ腰掛けた。キオスクの60代くらいのオーナーは佐々井さんと旧知の仲らしく、再会を喜んでいる。

「今日はこれだけたくさんの僧を連れて来たのだから、ずいぶん大きな集会なんですね？」と聞くと、「いや、小さい集会だ。日本の体育館くらいの寺に村人が2、300人くらい。来てくれと電話があったが、俺には金がないし、遠すぎて行けないと断ったんだ」と言う。

何しろ、この村まで往復10時間ほどかかり、ガソリン代は2台で6000円はかかる。それでも昔は、どんなに小さい集会でも呼ばれたら自腹で行ったのだが、今は騙されてすっからかんだ。その上、経営している農場の牛のエサ代や病院の人件費も重くのしかかる。

すると、オーナーは村人からお金を集めて、ガソリン代に加え僧ひとりにつき300ルピー（約600円）を出すと言ってきた。たくさん僧を連れて行ったほうが村人も喜ぶ。どんな小さな村でも、僧たる者、呼ばれたら積極的にお勤めをしてほしいと思っていた佐々井さんは、ぜひ行ってくれと皆に声をかけたという。

「そういう交渉や会計も佐々井さんが？　他の僧たちは普通、お布施が少ないところには行かないのですか？」

「そうだ。インドの坊主だって、金が出なければ動かない奴も多い。なんだかんだ言ってやんわり断るだろう。だから貧しい家や遠くて効率の悪い地方には行きたがらないんだ。もちろん、そんな僧ばかりではないし、義理や人情のあるやつもおるが」

「それでも日本から来た私から見れば、インドラ寺のお坊さんたちは積極的に民衆に声をかけているし、贅沢をしているわけではないし、充分頑張っていますよ。佐々井さんと比べたらまだまだ月とスッポンだとしても」

　私たちが日本語で話しているのを尻目に、他の僧たちは佐々井さんの周りでニコニコと微笑みながらチャイをすすっている。そのうち、チャパティの焼けるいい匂いが漂い、台所から食事が運ばれて来ると、佐々井さんと高僧たちは家の中に入り、入り切れない僧たちは家の外の廊下に並んで座った。私も廊下の隅に胡坐をかき心づくしのランチをいただく。なくなると白いサリーに身を包んだ女性たちが鍋を手にどんどん継ぎ足してくれる。

　よく考えたら、今回の旅では、ずっと湯沸かしポットで日本食を作っていたので、カレーはほとんど食べていなかった。辛すぎず優しい家庭の味で、右手でご飯やチャパティーを丸めてカレーにつけては口に放り込む。普段は人の家では食べない佐々井さんもこの家の人は信用しているのか、もりもりと食べている。

　チャパティの最後の一切れでお皿をきれいに拭ってたいらげると、家の人にお礼を言い、皆で仏教旗を持って土壁の集落の舗装されていない道を歩いて、集会場を兼ねた丘の上の寺へと向かった。建物が見えてくると、入り口で待っていた老若男女が、「ジャイ・ビーム！」と歓声を上げながら、どっと飛び出してきて、佐々井さんの足元に次々と額づいた。

寺は空調もなく、ガラス戸もない。ただ壁に横穴を開け、風を通しているだけだ。そんな簡素な集会場には、すでに村人が隙間なく座っている。小さな子供たちは、この日のために一番いい服を着せられているのか、少し窮屈そうな顔をしている。それでも、こんなにたくさんの僧が遠くから自分の村に来てくれて喜んでいるようだ。

「この村はヒンドゥーの人と仏教徒との割合はどのくらいなのか？」と村の若者に聞くと、「ほとんど仏教徒だ」と返ってきた。みな少しずつ仏教徒に変わったのではなく、昔、ある時を境に村ごと一斉に仏教徒に改宗したようだ。

お互い片言の英語なので、詳しく聞けないのが残念だが、他の仏教徒の村が豊かになっていくのを目の当たりにしたのが改宗の理由らしい。親が子供を学校に通わせたり、酒に溺れず真面目に働くようになり、上位カーストの嫌がらせにも団結して戦う様子を見て、宗教の教えひとつでこんなに人間らしい生活ができるのか、と心を動かされたという。

「実際に良くなった？」と聞くと、「もちろん！　貧しいのは相変わらずだけど、希望ができた」「バンテージ・ササイが俺たちを人間らしくしてくれた」と目を輝かせて言う。「インドは一度、仏教が途絶えちゃったけど、日本の仏教って歴史が長くてもっとすごいんでしょ？」と聞かれて、思わず「えっ!?」と絶句してしまった。

そういえば、地方や世代に差はあるものの、私も含め日本人のほとんどがお正月や観光地のお寺にお参りする「なんとなく仏教徒」ではある。しかし、仏教と生活がどう結びつくのか考えたこともないし、檀家でもない限りわざわざお坊さんに会いに行くこともまずない。

反対にインドは信仰の民だ。小さい子でもお坊さんを見たら喜んで近づいて挨拶にくる。お坊さんは尊敬される存在だが、民衆の距離がとても近い。困ったことがあれば相談し、また民衆も仏教の教えにそって、日々努力し、自分が貧しくても食べ物をより貧しい人に恵む。佐々井さんがインドで目指している仏教は今の形骸化した日本の仏教ではなく、生活のなかに溶け込んだ実践仏教なのだ。インドと違って日本はカーストもないし、そうした生まれつきの身分差別によって学校に行けない子もほぼいない。しかし、だからといって、もう実践仏教は必要ないのかと言えばそうではない気がする。

佐々井さんはタイ留学から44年間、一度も日本の地を踏んでいなかったが、２００９年に「自分の活動を支えてくれた人たちがまだ生きているうちに」と日本に帰国し、全国の支援者にお礼を言って回った。これが最初で最後の帰国のつもりであったが、その2年後、東日本大震災が起きると日本に再び飛んで帰り、被災地を訪れて人々を励ました。佐々井さんはそれ以来、毎年、初夏に１ヶ月間ほど日本各地を巡るようになった。

私は佐々井さんが帰国した時のことを思い出した。東京の講演会では、いかにもネット世代という若者たちが、どこで知ったのかたくさん来ていた。「ダミ声で何を言っているか分かんないなー」とつぶやきながら熱心にメモを取る。そして講演会が終わると、佐々井さんの元に並び、「自分に力を分けてください」と握手を求めていた。

佐々井さんの講演会に若い人の姿が目立つようになったのは、2015年の高野山で行われた講演会がニコニコ生放送で中継されてかららしい。「インドの高僧だけど、何か質問ある?」というタイトルで、視聴者からの質問を受け付けたところ、その歯に衣を着せぬ回答に面白いじいさんだ！　と盛り上がったという。仏教についてはよく分からないものの、悩める青年たちが佐々井さんの生き方に興味を持ったようだ。

「こんなじいさんの前で、ただ黙って泣く若い美人もおる。泣かしたのかって？　バカ、そうじゃない。何か深い悩みでもあるのだろう、この人なら分かってくれると、いっぱいいっぱいの想いを抱えて会場までやって来たのかもしれない。話を聞いてやりたいが、たくさんの人が並んでおる。その娘だけに時間を割くわけにはいかず、ただ頭をなでてやった。そういう若い子がたくさんいる。今もあの娘は、あの青年は大丈夫だろうかと頭をかすめるときがある。どこか気軽に相談できる坊さんでも見つかればいいのだが」

生活が豊かになっても、学校に行けてもカーストがなくても、人の悩みは尽きない。だからこそ、信頼できる僧が必要で、日本の坊主も民衆の中に積極的に飛び込んで活動しなければならないと佐々井さんは説く。佐々井さんは久しぶりの祖国に帰っても、骨を休めるどころか、老体にムチ打ち全国を飛び回り、日本の老若男女を元気づけている。

坊主も人気投票？

さて、村人のお坊さんたちへの挨拶もひと段落ついたようだ。なんとなく男女分かれて座り始めると舞台に全ての僧が上がり、ゆるーく式が始まった。僧のお経を静かに聞く日本と違い、僧侶と一緒に村人も力いっぱい声をあげて唱え始める。

ブッダン、サラナン、ガッチャミ（ブッダに帰依します）
ダンマン、サラナン、ガッチャミ（仏法に帰依します）
サンガン、サラナン、ガッチャミ（教団に帰依します）

「ヒンドゥー語？」と若者に聞いたら、「パーリ語（古代インドで釈迦が使っていた言葉）だよ」と言う。どこの国のどこの宗派のお経ではなく、南方仏教で唱えられる「パーリ三帰依文」という誓いの言葉らしい。続いて今度はインドオリジナルらしき22の誓いを唱える。
ビシュヌ、クリシュナなどのヒンドゥーの神々を信じません。ブッダがビシュヌの化身だと信じません。人間を差別するヒンドゥー教を否定し、ブッダの教えを受け入れます……

村のお寺兼集会場で「ジャイ・ビーム！」と気勢を上げる。

小さな子供までもが大声を張り上げて唱和しているから、普段から家族でお祈りしているのかもしれない。誓いを終えると、どことなく愛嬌のあるお顔をした仏像に、佐々井さんは花輪をかけて祈る。続いて9人の僧がひとりずつ話すという長い長い説法タイムに移った。日本語でも眠くなるのに、意味の分からないヒンドゥー語となれば、なおさらだ。朝が早かったこともあり、つい眠気が襲う。

ハッと目を覚まして壇上を見ると、僧たちもこっくり、こっくりしている。なかにはスマホを取り出して堂々と喋っている僧もいる。ただ、中央に座る佐々井さんだけが、不動明王のごとくカッと目を見開き村人を凝視しており、そのギャップが面白い。

それでも順番が回ってきたら、僧も張り切って演説する。村人たちは、飽きもせず目を

人気者の佐々井さん。インドの子供たちはお坊さんを非常に尊敬している。

キラキラさせて聞いているから、内容はきっと分かりやすいのだろう。3時間かけ、すべての説法が終わった後、会場の人たちがみなワッと立ち上がった。舞台上のお目当ての僧の元に、お布施を渡すのだが、村人たちほぼ全員が佐々井さんに向かって突進した。佐々井さんの前には、どんどんお札が積み上がり、一緒に写真を撮ろうとする人もいる。赤ちゃんを抱えた母親は佐々井さんに抱っこしてもらおうと高く持ち上げる。

一番後ろで見ていた私は、他の僧たちが気の毒で仕方がない。自分のところには誰も来ないと悟ったお坊さんたちは、佐々井さんを残し次々に去っていく。まるでアイドルグループの握手会のようだ。他のお坊さんの説法もそれなりに村人にウケていたのに、なぜであろうか。いくら佐々井さんが有名人とはいえ、この機会に他のお坊さんにも人気が出ていいのではないだろうか？

式を終え、車に乗り込んだ我々に多くの村人がちぎれんばかりに手を振り、その姿がじょじょに小さくなっていく。佐々井さんに先ほどの疑問をぶつけると、「村人は分かっている。他の坊主は口先では良いことを言っているが、行動が伴っていない。まだまだだな」と言って、後ろの座席に座っている坊主たちをチラッと見やった。

お坊さんも人気商売なのだ。アイドルだって美人で美声だから売れるとは限らない。民衆は表向き歓迎しているように見えても、僧侶ひとりひとりを内側までよく見ているのだ。

それでも佐々井さんは懐に入れたお金を一枚残らず取り出し、真後ろに座っている僧侶に「やい！　お前たち、分けろ！」とお札の束を渡した。本来ならば、人気投票で得た収入は佐々井さんの取り分であるが、佐々井さんはいつも惜しみなく分け与えてしまう。こうした気遣いや気前の良さが親分として慕われるゆえんだろう。僧侶たちはニコニコしながら、札束から100ルピーずつ抜き取り、残りを佐々井さんに戻した。

ところが、佐々井さんはまた、そのお金の束をぐいっと押し戻し、「もっと取れえーい！」と大声で吠える。僧侶たちがどっと笑い、佐々井さんは「俺はお金が嫌いなんだ！」とガハハと笑った。こんなやりとりを何度も繰り返し、結局、それぞれ200ルピー（約330円）ほどの臨時収入を手にすることになった。

すでに車外は暗くなっている。何時間も飲まず食わずなので、私が「明日でインド滞在最後の日だし、皆さんにお礼したいので、軽くごはんでもどうですか？」と佐々井さんに提案すると、「おお、お前は俺とよく似ている。手元に金があれば皆に分け与える。インドの坊主はな、金集めは好きだが、金は出さん。チャイ代はいつも俺持ちだ。わっはっは！　おーい！　皆のもの、日本から来たパラリガールがチャイをご馳走してくれるぞお」と上機嫌になった。

車は沿道にポツンと建っていたトタン屋根の掘立小屋の前で止まった。高速道路でもない限り、インドの田舎道には日本のように立派なドライブインがどこでもあるわけではない。青空カフェといえば聞こえはいいが、空き地に椅子が並べてあるだけだ。私が全員のチャイとスナックを注文しに小屋に向かうと、車内に残っている佐々井さんが、「おーい、龍笑！　お前は出さんでいい！」と怒鳴っている。

車に戻ってどういうことか聞いてみると、カフェでチャイを飲んでいた地元の新聞記者が、車に残った佐々井さんに気が付き、僧侶の集団に「ここは私に供養させてほしい」と申し出たようだ。

「佐々井さん、ずっと座っていると体に悪いから外に出てきませんか？」と、声をかけると、「いや、ほかのお客に見つからないように中にいたいんだ」と小声で答えた。

そんなやりとりをしていると、記者がスマホを片手に笑顔で車に近づいてきた。「ほらな」と苦笑いをして、佐々井さんが観念した顔をして車を降りた。記者だけではなく、カフェのお客たちまでも『あ、ササイ・バンテージだ！』と感激した様子で佐々井さんを取り囲み、さながら撮影大会になってしまった。インド人は写真が大好きなので、これが始まるとなかなか出発できない。

全員と写真を撮り終え、ナグプールを目指すも帰宅ラッシュの渋滞にはまり、寺に着いたのは夜の12時を過ぎていた。さすがに佐々井さんも疲労の色が強くにじんでいた。なにしろ80歳を超えているのだ。

明日はいよいよ帰国の日。佐々井さんの運転手さんにアルバイトをお願いし、早朝に空港まで送ってもらうことになっていた。この街を出ていくのは夜明け前だし、疲労困憊《こんぱい》の佐々井さんは深い眠りについているだろう。今のうちにお別れの挨拶をしようとしたら、佐々井さんは、手で遮り「いいい、朝は一度、寺に来い！　朝寝坊のお前と違って俺は毎日、日の出前には起きているんだから！」と言うと大きなあくびをひとつして薄暗い寺に入っていった。

終章 「私は小さなお坊さんである」

1階の宿坊に帰っていく若い僧たちにお礼とお別れを言い、2階のゲストハウスへの階段を登る。暗がりの中、テラスから夜空を見上げると星が瞬いている。住宅街なのに灯りはほとんど消えており、人の声や車の音もせず街はシンと静まり返っていた。部屋のドアを開けると、昼間に溜め込んだ熱気がムッと私の身体を包む。この埃だらけの部屋とももうお別れか。窓際のカーテンをそっとめくると、相変わらず先輩のハトが巣にデンと鎮座していた。もうすぐ卵がかえって、賑やかになるかもしれない。

早朝から深夜までの長い出張を終え、クタクタだったが、どうやら今夜は眠れそうにない。ゴワン、ゴワン、とひどい音を立ててまわる天井のファンの音を聞きながら、軋む椅子に座って今日までのことを振り返った。佐々井さんの忙しい時期を敢えてはずして来たので、のんびり取材できるかと思っていたが、本当に毎日、思いがけないことの連続であった。悪魔祓いに行ったり、インドの秘密警察と対決したり、陰謀渦巻くアーグラーや大荒れの記者会見、それにウイクトババの銅像も強烈だった。

その主人公である佐々井さんは、あらゆる面で魅力的だった。今まで私は、多くの有名人を取材してきたが、全く一線を画していた。溢れる才能も、強い運も、集めたお金も、何もかも惜しみなく民衆のために使い、その生涯を捧げて生きてきた。清水の次郎長のように親分肌で、子供のように無邪気に笑い、虎のごとく吠えるが子犬のように人懐っこく、阿修羅のごとく恐ろしいのに菩薩のように慈悲深い。

もっと佐々井さんに日本食を作ってあげたかった。私は、丑三つ時に電気ポットの蓋を開けて高野豆腐をぐつぐつと煮始めた。部屋を掃除し、荷物をパッキングしていると結局、朝4時になってしまった。日本食がなくなって軽くなったスーツケースと高野豆腐を詰めたタッパーを手に、迎えに来てくれた運転手さんとともに佐々井さんのいるインドラ寺へと向かう。外はまだ真っ暗で、遠くから人恋しくてさみしいのか、悲し気な犬の遠吠えが聞こえてきた。

龍樹から与えられた使命

シンと静まり返ったインドラ寺の1階の仏様に手を合わせて、無事に取材を終えられたことを報告し感謝を述べる。三階まで上がり、佐々井さんの部屋の前に立つが、部屋の電気は付いてないようだ。まだ寝ているのだろうか？　躊躇《ちゅうちょ》していたら、運転手さんが遠慮なしにドンドン！　と笑顔で戸を叩き始めた。

中から「おーう！　開いてるぞ！　入れ」といつものダミ声が聞こえた。ベッドの衝立から顔を出した佐々井さんは眠そうな顔で「朝寝坊のお前が、ちゃんと起きられたのか」と少し笑った。煮物の入ったタッパーを渡すと、佐々井さんは、「空港まで送ってやる」という。「ここでいいです」といくら言っても、「ダメだ、俺は見送る主義なんだ」とゆずらない。佐々井さんの支度はわずか3分。起きていようと寝ていようと僧衣のままだし、トイレに行って、入れ歯をカポッとはめ、たすき掛けのポシェットを肩にかけたら完了だ。

出発しようとすると、アーグラから戻ってきた近所のアミットさんが早朝にもかかわらず、見送りにきてくれた。しかし、助手席の佐々井さんと深刻そうに何か話している。どうやら例の記者会見での発言が全国規模の騒動となり、全国紙も含め20紙ほどに掲載され、これからもテレビ局が毎日のように取材に押し寄せるだろうという。

「ねえ、ササイ・バンテージはそんなに危ないの?」と私も後部座席の窓から顔を出すと、「アヅサ、ノープログレム！　心配するな。元気でな！」とアミットさんは慌てて作り笑いをするので、ますます心配になる。車が大通りに出ると、昨日と同じように夜明け前の道路は閑散としていた。佐々井さんはしんみりと話し始めた。

「龍笑、もう、お前と生きて会えないかもしれないな。お前が書く本は俺の最後の言葉になるかもしれん。俺は取材に来てくれて嬉しかった。『破天』を書いてくれた山際先生が亡くなった後、俺の言葉を託せる人がほとんどいなかったから」

「佐々井さん、本当に危ないなら、寺に戻ってパスポート持って一緒に日本に帰りましょう」

「ばかもの！　俺はインド人だ。ビザがいる。そう簡単にはいかん」

「ではデリーの隠れ家にしばらく潜伏するとか」

「いいんだ、もとよりインドの大地で野垂れ死ぬ覚悟だ。インド国籍を取っても、いつも心に武士道がある。日本男児たるもの、困っている民衆を見捨てることはできん。ブッダガヤの奪還、マンセル遺跡の発掘、仏教徒の地位向上、まだまだやることは山積みだ。差別され、今日も泣いている人がいるのに、どうして自分だけ逃げることができようか」

「いくらお坊さんとはいっても、命を狙われてまで、どうして居続けるのですか？」

「俺はインド民衆に生かされているからだ。坊主は自分でメシを作らない。日本の檀家制度とは違い、坊主を生かすも殺すも民衆が決める。自分たちに必要だから、ササイに死なれたら困るとね。その恩にそむくことはできん。命もいらぬ、金もいらぬ、女もいらぬ。お釈迦様だってみんなの幸せを祈って、裸足でこの大地を歩いて、立派な家も持たず、最後は沙羅双樹の木の下で亡くなったんだ。俺がここにいる最大の理由は、龍樹から与えられた使命だからだ。人は誰にでも使命がある。お前の使命は本を書くこと。インド仏教徒のことも、ブッダガヤのことも、アンベードカルの生涯も。今も泣いているかも知れぬ、あの日本の娘や青年たちの心に何か響いて、生きる希望を見つけ出せたらいい。こら、ちゃんと書くんだぞ」

使命なんて大げさなことを人生で考えたこともなかったので、思わず黙り込んでしまった。命よりも大事なものはない。私ならいくら民衆を助けたいと思っても、自分が危なくなれば怖くて真っ先に逃げるだろう。けれど、使命が見つかったからこそ佐々井さんは生きていける。死にたがりの佐々井さんを生きたがりに変えたのは、龍樹が与えた使命があるからだ。

しかし、それは80歳を超えた今も佐々井さんを縛り付け、苦難の道を歩ませることになる。果たして、それで幸せなのだろうか。好きな人と暮らし、おいしいものを食べ、家庭を持ち、年金をもらって孫を抱いている平穏な人生もあったのではないだろうか。そして何よりも義理と人情を重んじる佐々井さんなら、産み育ててくれた母に親孝行をしたかっただろう。

「佐々井さん、困っている人を見捨ててインドを去れなかったことや、家族と縁を断つのが本当の出家であることもこの取材でよく分かりました。だけど、故郷のお母さんが生きている間に一目、会いたいとは思わなかったのでしょうか？」

「……思わん。一度、帰ってこいと手紙も来たが返事も出さなかった。全ての人が自分の母となり父となり子となる。それだけの覚悟で腹をくくって出家したんだ。日本の坊主は妻をめとり子を作り親も面倒見るから、なかなか理解してもらえないがな。自分の母には何の親孝行もできなかったが、インドで養老院を作って身よりのない老人たちをたくさん面倒みているから、天国の俺のお母さんも許してくれるだろう」

「では、世界にはいろいろな宗教があるけれど、仏教のいいところって何でしょうか？」

「キリスト教だってイスラム教だって世界平和を願っておる。戦争したり、差別しろとは言っておらん。真理はひとつだ。しかし、仏教のいいところは『無我』、『我が無い』ということだ。自分がないということではない、自分よりも相手の気持ちを思うことだ。自分がお腹が空いていても、困っている人がいたら食べさせる。インドの仏教徒はそうだ。しかし、ヒンドゥーはまず『我あり』だから、一番、大事なのは自分なんだ。もちろん、自分がまず楽しむことも悪いことではないが」

「えー、そう考えると私はヒンドゥー教徒に近いかもしれません。人のことより自分のことばかりを考えているし、佐々井さんみたいに1日の99％くらい他人の幸せを考えてないもの」

「わっはっは！　お前は俺にはなれん。龍笑、お前の役目は笑うことだ。笑って生きなさい、お前の笑い声は周りを幸せにする。いや、その前にちゃんと本を書け。お前はだいたいいつも飯のことばかり考えているからな」

「佐々井さんは人の幸せばっかり考えて、自分の身体のことを考えてなさすぎです。ちゃんとご飯食べてください。甘すぎるチャイもコカ・コーラも飲むのをやめ、そして長生きをして、いつまでもインド人も日本人も若者を元気づけてください」

「コカ・コーラはお前があだこうだと言うから飲んでおらん。おお、そうだな、今年、俺が

佐々井さんと龍笑こと白石（著者）。毎日、ありがとうございました。

殺されずに日本に帰国したらまた会おう」

「そうだ、佐々井さん、八木上人のご実家である日本橋の和菓子屋さん、きっと探しておきます。一緒に行きましょう」

「おう、そうだ。日本橋でデートだ、かっかっか！」

「昔、佐々井さんが占い師をしていた有楽町のガード下も！　古い喫茶店でメロンソーダでも飲みましょう」

「ははは、いいねえ！」

インドで聞くのが最後になるかもしれない。佐々井さんは、「♪船を見つめてい〜た〜、ハマのキャバレーにい〜た〜」と、いつもの「上海帰りのリル」を陽気に歌い出した。この取材の間、何度も聞いたから、佐々井さんが歌うと私もつい口ずさむようになった。手拍子を打ちながら、さっきまでの深刻な空気は吹き飛び、車内はいつのまにか笑い声に包まれた。しかし、歌がまだ終わらないうちに暗闇のなかにライトで照らされた空港が浮かび上がると、また佐々井さんは黙ってしまった。

空港の前に車は長い時間、止めておけない。急いで車を降り、スーツケースを引っ張り出すと、佐々井さんが「見送ってやる」と車を降りて建物の入り口までついてきてくれた。私は改めてお礼の挨拶を言いかけたが、佐々井さんは「早く行け！」と怖い顔をしてシッシと猫の子を追い払うかのように手を払った。

建物の入り口で係員がパスポートチェックをしている。列に並び振り返ると、今度は優しい父親のような顔でニコニコとこっちを見ているのに気が付いた。八木上人が佐々井さんに「帰ってくるな」と言いながら、「つらかったら帰ってこい」と絶叫したように、山本貫主が「広い世界を見て来い」と送り出しながら、「日本で住職にしてあげたかった」とつぶやいた話を思い出した。

思わず列を離れて佐々井さんのところへ戻ろうとすると、道路を挟んでいきなり怒鳴られた。

「おい！　龍笑、のこのこ戻ってくるな。何、まだ時間がある？　そうやってお前はいつも遅刻するんだ。さっさと行け！　こら、龍笑、泣くな。笑え！」

スーツに身を包んだ背の高いインド人ビジネスマンや若く美しいインド女性が、未来に向かってさっそうと歩いていく。その雑踏のなかで擦り切れた赤い衣をまとい、足には安物のインドサンダル、小さなカバンをかけた佐々井さんは、ひときわ孤独に、そして小さく見えた。

「私は小さなお坊さんである」

３年前の大改宗式で、佐々井さんが１００万人の仏教徒を前に演説していた言葉を思い出した。どんな逆境にも負けず、１億５千万人もの信者を引き連れ、命がけですすむ偉大な人である。その人がなぜ小さなお坊さんなのか、その時は分からなかった。

パスポートチェックを通過し、ガラス戸の中から振り返ると佐々井さんの姿はもう見えなくなっていた。

待合室の長椅子に座ってぼんやり出発を待っていると、窓の外はいつの間にか空が白み始めている。

もうすぐ日本。もうバケツに冷たい水を汲んで頭を洗わないでいいし、陰謀に巻き込まれることもなく、大好きなお寿司も食べられる。しかし、いくら楽しいことを考えても私は喪失感でいっぱいになった。

命を狙われる年老いた父親を、灼熱のデカン高原に捨て、自分だけ安全で快適な東京へと逃げる親不孝な娘のような気分だった。佐々井さんは、今頃、寺に戻る車のなかで寝ているだろうか。それとも「上海帰りのリル」の続きを歌っているだろうか。

海を渡ってきた
ひとりぼっちで来た
望み捨てるな　リル

佐々井さんのダミ声に笑顔で手拍子を打ちながらも、私はいつも少し切なくなった。インドにひとりで来た佐々井さんとリルの郷愁が重なるからではない。なぜならば、佐々井さんが大好きなこの歌は、ほかでもない愛の歌だったからだ。

この世の全ての人を平等に愛する代わりに、手に入れることが叶わなかった愛しい人。死ぬほど愛した豊子さんや尼さんの手を放し、自ら選んだとはいえ、茨が続く地獄道をひとりで歩んできた佐々井さんの生涯は、本当に幸せだったのだろうか？

搭乗を促すアナウンスが聞こえた。機体が上り、雲一つない空の上から赤茶けたデカン高原が見えてきた。半月前、この高原を見た時は、日本の緑豊かな自然と比べて緑も少なく荒涼として、なぜこんなところに人が住むのだろうと思ったが、朝日に染まった大地の力強さと悠々とした川の流れが、今日は何か心に迫る。

この大地の上を、お釈迦様が歩き、龍樹が法城を構え、アンベードカル博士が仏教を復興させ、それを佐々井さんが引き継いだ。苦しみ悩み、人々の幸せを願い仏の道を説いた。生まれた時代こそ違えど、もしかしたらブッダや龍樹やアンベードカル博士も、「小さいお坊さん」であったのかもしれない。大海の荒波にもまれる小船のように、大勢の信者や弟子に囲まれながらも、ひどく孤独に生きてきたのかもしれない。

インド仏教の大親分として、ナグプールの根城でとぐろを巻いている佐々井さんが時折、堪らなく寂しそうな顔をする時があった。あまりにも深い孤独を抱え、闇の中にたたずんでいるような、疲れ切った表情に私は思わず目をそむけた。本当は、涙をこらえながら、たったひとり、異国の地で「日本男児たるもの」と自分を奮い立たせて戦ってきたのだろう。

いつか人は佐々井さんのことを忘れてしまうかもしれない。騙されて流した悔し涙も、石をぶつけられしたたり落ちた血も、民衆と共に流した汗も、強烈な太陽がふりそそぐこの大地に人知れず飲み込まれて消えてしまうだろう。

それでも、今この瞬間にも、きっと佐々井さんは誰かの幸せを願っている。佐々井さんが生きるのも死ぬのも民衆のため。小さな島国からやってきた小さなお坊さんが、インドの大地で粉骨砕身して切り開いた希望の道は、多くの人の未来を明るく照らしている。

おわりに　その後

日本では宗教の話はタブーだと言われることも多いのですが、私も小さいころから宗教に対していいイメージはありませんでした。新興宗教の「新聞とって」といった訪問勧誘は朝から迷惑だし、芸能人が洗脳されたとか、悪徳住職に高いお墓を買わされたとか、過去にはオウム事件やテロなどの報道もあり、宗教に関わるとロクなことがないと警戒してたのです。

その辺にあるお寺や神社に対しては嫌悪感がないものの、参拝したら参道で食べ歩きをする観光地として楽しむだけで、お坊さんと直接話す機会もなく、信仰心のかけらもない私がまさか宗教家の密着取材をすることになるのだから、人生とはわからないものです。

あくまで私の日本のお坊さんのイメージなのですが、静かで穏やかで、妻子がいて檀家さんに囲まれ、お酒も楽しむ。檀家さん以外とは接することは少なく、政府に抗議することもなく、そもそも街ではお坊さんらしき人は見かけない（普段着なんだと思いますが）。

一方、佐々井さんは、気が短く喜怒哀楽も激しく、本当の出家は妻子がいてはダメだと七転八倒して好きな人と別れ、檀家も持たず、市井の人々のよろず相談をひっきりなしに引き受け、テロリストに狙われ、首相に盾突いてでも戦い続けている。なぜ、同じように日本で生まれ育ちながら、こんな異端のお坊さんが誕生することになったのか不思議でなりませんでした。

その佐々井さんの人生をもっと深く知りたいと、文藝春秋の編集者、曽我麻美子さんに連絡を取りました。曽我さんは、どこの出版社よりも一番早く連絡をくれたのに、私が重い腰を上げて書き始めるまで1年近くも待っていて下さいました。

そして、インドの話はここに書いた通りですが、滞在中は曽我さんの上司にあたる小田慶郎さんにも大変お世話になりました。「取材はどうですか?」とメールで尋ねられ、「部屋にハトが住んでいて、悪魔祓いとか秘密警察とか思いもよらない取材になりました」と報告すると、お坊さんの取材なのに予想外だったのか「予算のことは気にせず、安全第一で無事にとにかく帰ってきてください。ハトのいない部屋に引っ越してもいいです」と親身になってくれたのが心強かったです。おかげで心おきなく殺虫剤や電気ポットを買えました。

無事に帰国を果たしたものの、こんなに長いノンフィクションは初めてで、月ごとに書き方が変わってしまったりと、自分の原稿の下手さに時には呆れつつ、書いては消し、書いては消し、結局、1年がかりとなってしまいました。その間、叱咤激励しながら我慢強く指導して下さった曽我さんの情熱がなかったら、完成することはなかったかもしれません。

無事だった佐々井さん

さて、記者会見での大騒動で各方面から命を狙われていた佐々井さんでしたが無事生きていました。その取材から3か月後の6月、日本に帰国した佐々井さんと再会したのですが、「あの後は大変だったが、龍樹が守ってくれたのであろう」と言うのでほっとしました。

それで、もう陰謀も暗殺もない平和な日本で穏やかに過ごすのかと思えば、日蓮上人ゆかりの七面山に支援者の方たちと登る計画を立てていました。空港での移動ですら車椅子を使っていたのに、果たして登頂できるのか心配していましたが、引っ張り上げた弟子たちの努力と佐々井さんのど根性で山頂まで辿り着き、「インドサンダルで登ったのは俺くらいだぞ。がっはっは！」と元気に笑っていたので、今回も龍樹が背中を押してくれたのでしょう。

その山頂で私は思いがけず、佐々井さんからアミットさんから預かったという小さな仏像を頂きました。「重たいから麓でくれたらよかったのに！」と私が言うと、「いいや、山頂でなく

七面山への登山。お弟子さんが支え、強力さんが押して山頂へ。

ては意味がない」と、気の毒に、お弟子さんに担がせてきたそうです。七面山では正住山内船寺や身延山久遠寺の日蓮宗の僧侶の方々に大変お世話になりました。この本では、さんざん「日本のお坊さんは〜」と書いているのですが、佐々井さんの活動を陰日向に支えているお坊さんや市井の方々も全国にいらっしゃることも最後に付け加えさせていただきます。

さて、またお会いするのは1年後だと思っていたら、約半年後の11月にブッダガヤの裁判の支援を呼びかけるために、緊急で帰国されました。そして佐々井さんと約束通り、好物の醤油ラーメンや20年ぶりというすき焼きを食べに神田の古本屋街を歩きました。

その時、頂いた仏像をリュックサックに入

神田の古本屋街で本を物色する読書家の佐々井さん。

れて持っていくと、なぜか背中に大きくマジックで「みのる仏」と書いてくれました。「みのる」というのは佐々井さんの本名です。仏壇もない家庭で育ったので、これが正しい仏像との接し方なのか分かりませんが、私が嬉しいときは「がっはっは！」と笑い声が、悲しいときは「こら、龍笑、笑え！」、天狗になっているときは「ばかもん！」と佐々井さんのダミ声が聞こえてくるような気がします。

　相変わらず信仰心は薄いけれど、一日の終わりに手を合わせることで、気持ちの整理がつくようになりました。この「おわりに」を書く直前に、イスラム教徒の多いバングラデッシュで旅行取材をしていたのですが、日本語通訳さんが「一日に5回も仕事を中断して世界平和を祈ると、日本人は『効率悪い』っていうんだけど、あれ逆。一度、リセットされるから効率が上がるんだ」と言うのを聞いて、今なら少し分かる気がします。

「貧しい国なのに、市民に悲壮感がないのは、祈っているから？」と質問すると、「誰かがたいてい助けてくれるから不安がない」と意外な答えが返ってきました。福祉が充実しているわけでもないのに、なぜかと聞くと、イスラム社会には、稼いだ年収から使った生活費を差し引いたお金の2・5パーセントを税金とは別に困っている人に寄付する仕組みがあるそうです。

鍋をペロリ。「何十年ぶりだろうか？」と喜ぶ佐々井さん。

「しなくてもバレないけど、神様との契約だからみんな守ってる。慈善団体に寄付してもいいけど、朝夕、モスクで顔を合わせていれば、失業したり困っている人に何となく気が付く。その人にそっとお金を渡してもいい。そうするとその人が商売を始められて、また困っている人を助けられる。ここがポイントなんだけど、あげたりもらったりしたことは、お互い速攻で忘れるきまり。アラーもそう言っている。他宗教でも他国の人でも困っていれば助けるよ」

宗教はさておき、そんな幸せのシステム

を遵守しているバングラデッシュ人に負けた気がするのと同時に、佐々井さんがせっせと各村に簡素な寺を建て、「神も仏もありません。泣いてすがるんじゃなくて、寺に集まり相談し助け合え」と説法しているのを思い出しました。

私の遺言となる

私がバングラデッシュにいる間、出来上がった原稿をチェックのためにインドの佐々井さんに送っていたのですが、令和のスタートで国中が浮かれる中、私は気が気ではありませんでした。佐々井さんの偉大な事業にも触れたけれど、コネ入学大作戦やタイの美女を巡る三角関係の詳細や、食いしん坊で気が短いことなども包み隠さずそのまま書いたからです。

「こら、なんだこれは！　龍笑、書き直せ！」と佐々井さんの怖い顔を想像し、一年がかりの原稿に赤字で大きなばってんを書かれる悪夢まで見ました。そして今日、編集の曽我さんとふたりで恐る恐る、インドから戻ってきた封筒を開けてみると、「ヘビの心臓を食べたのは2、300個ではなく150〜200個くらい」など「そこ、こだわりがあるんだ……」とクスリと笑ってしまう訂正はあったものの、大きなバツは何もついておらず、ほっとしていると手紙が出てきました。

「本当に内容は素晴らしい。著者の私へのあたたかきぬくもりが伝わってくるようで、あの龍の笑いが遠い日本より響き、私の心を微笑ませてくれます。本当にいい本を作ってくれました！これは私の遺言となります。合掌三礼。沙門秀嶺」

岡山で行われた辻説法。たくさんの人が後につづく。

ヤクザの親分みたいだけど、良寛さまのように純粋な佐々井さん。毎日ハトだ、暗殺だ、悪魔だと驚きの連続だったけれど、心の底から笑って楽しい取材でもありました。どうやってインドの人たちを救い笑顔にしてきたのかを取材していたのに、私自身もほんの少しですが成長させてもらったような気がします。佐々井

仏像の背中に願いが〝実る〟よう、「みのる仏」と書いてくれた。

さんと出会えたことは一生の宝物です。ありがとうございました。

この本を書くにあたり、本当にたくさんの方のご支援をいただきました。文藝春秋の編集・曽我さんや小田さんはもちろん、分かりやすいタイトルを考えてくださった編集長の森正明さん、素敵な装丁を考えてくださったデザイン部の城井文平さん、ユニークな絵を描いて下さった村上テツヤさん、営業部の大森安佐子さん、校閲担当の大瀧佳子さんと円水社さん、そしてインドでお世話になったアミットさんをはじめ敬虔な仏教徒の皆さん、佐々井さんの日本の支援者の皆様、厚くお礼を申し上げます。

最後に、読者の皆様が、80歳を過ぎて今なお、インド仏教の復興に力を尽くしている佐々井秀嶺さんの生き方に何か感じることがあったなら、これほど嬉しいことはありません。最後まで読んでくださいましてありがとうございました。

令和元年5月8日

白石あづさ

本書は書き下ろしです。

白石あづさ（しらいし・あづさ）

日本大学藝術学部美術学科卒業。フリーライター&フォトグラファー。地域紙の記者を経て、約3年の世界放浪へと旅立ち、帰国後は旅行雑誌、週刊誌などに執筆。これまでに訪ねた国は100以上にのぼる。著書に『世界のへんな肉』（新潮文庫）、『お天道様は見てる 尾畠春夫のことば』（文藝春秋）ほか。

世界《せかい》が驚《おどろ》くニッポンのお坊《ぼう》さん
佐々井《ささい》秀嶺《しゅうれい》、インドに笑《わら》う

二〇一九年六月二〇日　第一刷発行
二〇二三年七月二〇日　第三刷発行

著　者　白石《しらいし》あづさ
発行者　大松芳男
発行所　株式会社　文藝春秋
〒一〇二－八〇〇八
東京都千代田区紀尾井町三－二三
☎〇三－三二六五－一二一一

印刷所　図書印刷
製本所　図書印刷
組　版　明昌堂

ISBN978-4-16-391036-9